Mano Dayak

Geboren mit Sand
in den Augen

Zu diesem Buch

»Ich wurde mit Sand in den Augen geboren. Es war in Tidène, im Herzen des Aïr-Berglandes, zu Beginn der Regenzeit. Meine Mutter sagte mir oft: ›Mano, der Honig verbirgt sich unter deiner Zunge. Verlasse ja nie die Wüste … Fern von ihr bist du taub und blind.‹ So sprechen die Tuareg-Mütter. Weil sie es als schicklich empfinden, verstecken sie ihre Befürchtungen hinter Allegorien. Eine Gabe, die sie zu Dichterinnen und Herrscherinnen macht.

Wenn ich von der Höhe meines Felsens die Wüste betrachtete, die meinen Vater als Nomaden sah und vor ihm den Vater meines Vaters und alle Väter meiner Tuareg-Brüder, weiß ich, dass wir aus dieser Wüste die notwendige Kraft und Weisheit ziehen werden, um die Welt aufzubauen, die wir für unsere Familien und unsere Kinder erträumen.« *Mano Dayak*

Der Autor

Mano Dayak wurde um 1950 geboren und wuchs in der Sahara auf. Er besuchte die Nomadenschule und ein Gymnasium in Agadez, studierte in den USA und in Paris. In seine Heimat zurückgekehrt, eröffnete er ein Reisebüro, um den Bewohnern der Region ein Auskommen zu ermöglichen. Er war Vorkämpfer für den Friedensvertrag, der am 24. April 1995 von der Regierung der Niger und den Tuareg-Rebellen unterzeichnet wurde. Am 15. Dezember 1995 starb Mano Dayak. Das Flugzeug, das er bestiegen hatte, um mit dem nigerianischen Premierminister die Umsetzung des Friedensvertrages in die Wege zu leiten, explodierte beim Start.

Die Übersetzerin

Sigrid Köppen wurde 1942 geboren und studierte Germanistik und Romanistik in Paris und München. Heute organisiert sie Lesereisen und Ausstellungen und ist als Übersetzerin tätig.

Mehr über Autor und Werk im Anhang
und auf *www.unionsverlag.com*

Mano Dayak

Geboren mit Sand in den Augen

Die Autobiografie des Führers
der Tuarag-Rebellen

In Zusammenarbeit mit Louis Valentin

Aus dem Französischen von
Sigrid Köppen

Unionsverlag
Zürich

Die französische Originalausgabe erschien 1996
unter dem Titel *Je suis né avec du sable dans les yeux*
bei Éditions Fixot, Paris.
Die deutsche Erstausgabe erschien 1997
im Unionsverlag, Zürich.

Im Internet
Aktuelle Informationen,
Dokumente, Materialien
www.unionsverlag.com

Unionsverlag Taschenbuch 543

Rieterstrasse 18, CH – 8027 Zürich
Tel. 0041-44-283 20 00, Fax 0041-44-283 20 01
mail@unionsverlag.ch

Reihengestaltung: Heinz Unternährer
Umschlaggestaltung: Martina Heuer, Zürich
Umschlagfoto: Ferdericb
Druck und Bindung: CPI – Clausen & Bosse, Leck
ISBN 978-3-293-20543-7
2. Auflage, Juli 2014

I

Ich wurde mit Sand in den Augen geboren.

Am Tag meiner Geburt verbarg *tezakey*, der Sandsturm, den Horizont hinter einer düsteren, rötlichen Wand, und die Tiere drängten sich stumm um unsere Zelte, den Rücken dem Wind zugekehrt.

Es war in Tidène, im Herzen des Aïr-Berglandes, zu Beginn der Regenzeit. Die Männer, die hinter den Matten aus Dumpalmblättern hockten, hatten den Schleier hoch ins Gesicht gezogen. Auch sie schwiegen.

Mein Vater saß inmitten dieser Männer und vermied es, ihren Blicken zu begegnen. Mit halb geschlossenen Augen fixierte er die Kamelherde, die sich hinter der Umzäunung aus Akazienzweigen niedergelassen hatte. Er sah sie nicht.

Allen, die ihn in diesem Jahr nach dem Wohlergehen seiner Familie fragten, antwortete er: »Tella n'yet.«

»Tella n'yet«: »Meine Frau ist schwanger«, oder genauer: »Meine Frau hat den Geist.« Die schönste und vertraulichste aller Nachrichten.

Die Geburt seines siebten Kindes stand bevor. Sieben, die magische Zahl, die Zahl, die man ausspricht, wenn man den Zorn der Dschinns, der Menschenfresser und der Dämonen von sich abwenden will.

In einem abseitsstehenden Zelt umklammerte meine Mutter mit beiden Händen die Bögen, die das Dach aus Palmenmatten stützten. Eine alte Kusine stand ihr bei. Trotz ihrer Schmerzen bemühte sie sich zu lächeln. Ein

Kind, das von einer Frau in Glückseligkeit geboren wird, kann niemals Opfer böser Geister werden.

Meine Mutter hat mir viele Hundert Male von dem Tag erzählt, an dem ich auf die Welt kam. Bildreich beschrieb sie mir den Augenblick, in dem ihre alte Kusine das Messer aus dem brennend heißen Sand, der das Metall desinfiziert, zog und die Nabelschnur durchtrennte, damit ich meinen ersten Schrei in den Wüstenwind hinausstoßen konnte.

»Als du geboren wurdest, strahlte die Prinzessin Tâtrittan-tufât« – der Abendstern – »wie die Klinge eines Schwerts, von der in der Esse des Schmieds Tausend Funken stieben. Sie sagte: ›Mano, der Honig verbirgt sich unter deiner Zunge. Verlasse ja nie die Wüste, denn die Wüste reinigt die Seele … Fern von ihr bist du taub und blind …‹«

So sprechen die Tuareg-Mütter. Weil sie es als schicklich empfinden, verstecken sie ihre Befürchtungen hinter Allegorien. Eine Gabe, die sie zu Dichterinnen und zu Herrscherinnen macht.

Ich bin das letzte Kind der Familie, und ich glaube, meine Mutter war viel besorgter um mein Schicksal als um das meiner drei Brüder Feltou, Eddoua und Rhamer und meiner drei Schwestern Rhalla, Raïcha und Tahédag.

Dennoch kann sie das genaue Datum meiner Geburt nicht angeben.

»Du bist zwischen dem Jahr der großen Trockenheit und dem der Heuschreckenplage geboren.«

Zweifellos 1950.

Das spielt keine Rolle. Die Tage, die Monate und die Jahre haben keine Bedeutung. Nur die Stunden des Tages zählen: *Dinidj Alwaq,* der magische Augenblick kurz vor Sonnenaufgang, wenn die Wüste alles Leben und jede Bewegung in der Schwebe ruhen lässt. Die Farben, die Menschen und die Tiere schlafen, noch ruht die Welt zeitlos. *Aghora,* die Stunde des Sonnenaufgangs, *Adgalshet,* der frühe Morgen, *Tarahout,* wenn die Sonne im Zenit steht, *Tezzar,* der frühe Nachmittag, *Takast,* wenn die Sonne sich zu neigen beginnt, *Almaz,* Geburt der Nacht, der geheimnisvolle Augenblick, wenn sich die Herzen mit Sehnsucht füllen. Die untergehende Sonne entflammt den Himmel, und seine Farben werden von der Wüste widergespiegelt. Eins nach dem anderen leuchten die Feuer vor den Zelten auf, und die Herden kommen für die Nacht ins Nomadenlager zurück. *Amer Yane,* Mitternacht, die Stunde, in der der Sand und die Wadis atmen und der Himmel mit seinen Milliarden Sternen die Wüste beseelt.

Die ersten sechs Tage meines Lebens verbrachte ich in dem Zelt, in dem meine Mutter mich geboren hatte. Die ganze Zeit hielt sie mich in ihren Armen. Sie nährte mich mit ihrer Milch und mit Schafsmilch. Sie sang Lieder für mich. Erst am siebten Tag kam der Marabut, der einen Namen für mich wählen sollte, und meine Mutter stellte mich vor.

Ich heiße vielleicht Abarad, Ghabiden, Musa oder Mustafa … Keiner wird es je wissen. Bei den Tuareg vergisst man schnell den Namen, den der Marabut dem Kind gegeben hat. Nur der Kosename, den ihm seine Mutter schenkt, wird es das ganze Leben begleiten. Manche Kinder tragen Namen von Tieren wie *Mufflon,* Strauß, Gazelle, andere, wie ich, haben Kosenamen, die nichts bedeuten.

Ich heiße also Mano. Meine jüngste Schwester, die gerne lacht, heißt Tahédag. Das bedeutet: »Wo sie ist, fühlt sie sich wohl.«

Am Tage meiner Taufe wurde nach altem Brauch ein Hammel geopfert, und das ganze Lager feierte das Ereignis mit Tänzen und Liedern. In den ersten Monaten meines Lebens schlief ich in der *assakansako,* der aus Stroh geflochtenen Wiege, die an den Zeltpflöcken aufgehängt wird, oder in dem Tuch, das meine Mutter auf den Rücken gebunden trug, während sie Hirse stampfte oder die Ziegen molk. Ich glaube, mich an das Vergnügen, das mir das Wiegen ihres Körpers bereitete, erinnern zu können.

Kinder, die nackt in Rinnsalen, die sich durch den safrangelben Sand schlängeln, herumrennen, sind die ersten Bilder, an die ich mich erinnern kann. Ein Gewitterregen war niedergeprasselt und hatte Pflanzen, Tiere und Menschen zu neuem Leben erweckt. Im Wadi, in dem sich unsere Herden befanden, hatten sich viele große Tümpel und Pfützen gebildet. Die Pflanzenwelt war schön mit ihren blühenden Akazien, mit den grünen Teppichen, die sich inmitten der Basaltfelsen ausbreiteten, mit all den verschiedenen saftstrotzenden Pflanzen, auf die die Tiere ganz versessen sind. Die Kamelfohlen und die Kälber, die an ihren Holzpflöcken festgebunden waren, klagten leise und warteten auf die Rückkehr ihrer Mütter.

Amdagh, ein Hirtenjunge kaum älter als ich, zog ein neugeborenes Kamel am Schwanz zu sich heran und legte ihm eine Fußfessel an, um es am Aufstehen zu hindern. Zwei andere Hirten stießen eine Kamelstute, deren Kopf mit einem Tuch umhüllt war, über das Junge. Sie wehrte sich, Schaum stand ihr vor den Nüstern, sie zerrte an ihrem Zaumzeug. Zum ersten Mal wohnte ich einer gewaltsamen Handlung bei. Meine Mutter legte ihre Hand auf meinen Kopf und beruhigte mich: »Hab keine Angst, Mano! Heute Morgen hat die Stute ihr Fohlen bei der Geburt verloren. Amdagh hat das Kleine hier am Huf gefesselt und es mit dem Mutterkuchen des tot geborenen Kameljungen bedeckt. Mit verbundenen Augen wird die Kamelstute das Fohlen annehmen, weil es denselben Geruch hat wie ihr eigenes. Wenn sie dieses Waisenkind säugt, wird sie ihm das Leben retten … und sich selbst. Wir tun den beiden keine Gewalt an, mein Sohn. Wenn sie ihre Milch bei sich behält, muss sie sterben.«

Am Horizont verloren sich die Zelte hinter sanft dahinfließenden Dünen aus ockerfarbenem Sand. Der Himmel war schiefergrau. Für die Menschen meines Nomadenstammes und für mich ging die Welt in dieser Unendlichkeit auf.

Bis zum Alter von sechs Jahren lief ich nackt durchs Leben. Im Aïr schwanken die Temperaturen zwischen minus fünf und plus fünfundzwanzig Grad im Januar und zwischen fünfunddreißig und achtundvierzig Grad im Juni. Sommers wie winters müssen die Kinder diese beißende Kälte, diese stechende Hitze ertragen. Sie dürfen sich nicht beklagen. Das ist verboten. In dieser Wüste, wo alles knapp ist und das Leben hart, ist Klagen ein Zeichen von Schwäche, die den Menschen entehrt. Um der Sonne zu entgehen, halten wir uns im Schatten unserer Zelte auf. Nachts kauern wir um die Feuer, die in der Mitte des Lagers entzündet werden. Eines Abends ist ein Kind im Schlaf in die Glut gerollt. Es hieß … Der Brauch verbietet es, seinen Namen zu erwähnen. Den Namen eines Toten spricht man nicht aus.

In der Wüste ist das Leben ständig so bedroht, dass man vieles als Fügung des Schicksals hinnehmen muss: den Tod eines Menschen, eine unheilbare Krankheit, den tödlichen Unfall mit einem Kamel, das Versiegen der Brunnen und das qualvolle Austrocknen der Körper als Folge des Durstes. Diese Schicksalsgläubigkeit ist weder ein Mangel an

Sensibilität, noch ist sie ein Zeichen von Resignation; sie erlaubt es, die Tragödien mit Würde zu ertragen, wenn man nichts tun kann, um sie zu verhindern. Man muss sein Leid still ertragen, mit erhobenem Kopf.

»Mano«, sagte mir meine Mutter immer wieder, »der Tod ist dem Augenlid näher als das Auge, und der größte Reichtum kann eine Träne sein. Deine Zukunft wird die sein, die du bewältigst … Nichts lässt sich daran ändern, das muss man akzeptieren. Bald wirst du ein Mann sein.«

2

»Mano, ein Zicklein ist fortgelaufen. Du musst es wiederfinden, bevor ein Schakal es in Stücke reißt.«

Sätze dieser Art sagte mein großer Bruder Feltou zu mir. Immer fand er für mich eine Aufgabe, die meinen Mut herausforderte: die Kälber festbinden, die Kamelfohlen zusammentreiben, Wasser vom Brunnen holen, vor allem aber Schakal oder Hyäne, die um die Weidegründe herumlungern, die Stirn bieten. Ganz allein, nur bewaffnet mit meinem aus einem Akazienast geschnittenen Stock, musste ich mich weit vom Lager entfernen und das verirrte Zicklein oder Lamm zurückbringen.

»Vergiss auf keinen Fall deine Wasserflasche«, rief er mir nach. »Auch mit sechs Jahren geht ein Hirt niemals ohne seine Kürbisflasche los.«

Um mir Mut zu machen, wiederholte ich unterwegs unermüdlich den Satz: »Mano hat keine Angst vor dem Schakal. Er wird ihm die Zähne ausschlagen.«

Je nachdem, wo wir unsere Zelte aufgestellt hatten,

musste ich manchmal mehrere Stunden marschieren, bevor ich zu der Wasserstelle kam, bei der das Tier sich verlaufen hatte. Die Arme über den Stock gelegt, den ich quer im Nacken trug, merkte ich mir jede Einzelheit des Bodens. Hier Kameldung, da ein flacher Stein, dort ein Moosteppich. Ich wusste, dass mich mein Bruder bei meiner Rückkehr auffordern würde, ihm den Weg zu beschreiben, den ich gegangen war. Ich wusste auch, dass mir die Strecke viel kürzer vorkäme, wenn ich mir jedes Merkmal einprägte. Entfernungen sind immer subjektiv.

Manchmal bin ich einem Schakal begegnet. Aber allein und fern ihres Rudels greifen Schakale den Menschen niemals an, auch Kinder nicht.

Meine größte Freude war es, mit dem vermissten Zicklein oder Lamm ins Lager zurückzukommen. Mein größter Stolz war es heimzukehren, ohne meine Lippen an die Wasserflasche geführt zu haben. *»Aman Iman:* Wasser ist Leben, Wasser ist die Seele, Wasser spendet Leben, und alles hängt vom Wasser ab«, hatte meine Mutter mir eingeschärft. Ich war glücklich, ihr beweisen zu können, dass ich ihre Lehre beherzigt hatte.

Den Lehren meiner Mutter verdanke ich alles. Sie ist es, die mich lehrte, das Zelt abzubauen und es wieder aufzubauen, das Bett zusammenzulegen oder aufzustellen – das Bett aus dem weichen und leichten Holz des *torşa,* eines strauchartigen Baums. Sie ist es, die mir half, die Sterne zu entdecken, welche den Wechsel der Jahreszeiten ankündigen, sie ist es, die mir die verschiedenen Kasten unseres Nomadenstammes, der *Iforas,* erklärte. Sie ist es, die mir das Lesen, die mir Lieder und Gedichte beigebracht hat. Sie ist es …

Es gibt keinen Tuareg, der seine Mutter nicht verehrt.

Sie ist die Seele und das Herz der Wüste. Sie verrichtet die härtesten Arbeiten, wenn die Männer mit der Karawane aufbrechen. Sie kümmert sich um die Tiere, stampft die Hirse, nimmt die Last des Wasserholens auf sich, tränkt die Tiere, ist verantwortlich für die Erziehung der Kinder. Sie ist stets guter Dinge. Abends singt und tanzt sie, rezitiert Gedichte, spielt auf der *imsad,* der einsaitigen Tuareg-Geige, und entlockt ihr Melodien, die bis spät in die Nacht hinein die Frauen und Männer besänftigen oder begeistern.

Mit feierlichen Gesten hat sie mir die sechsundzwanzig Buchstaben des Alphabets unserer Schriftsprache, des *tifinar,* vorgezeichnet, mit denen unsere Sprache, das *tamaschek,* geschrieben wird. Ich sehe noch ihre Finger hin und her fliegen, um geometrische Zeichen in den Sand zu malen: den Kreis für das *R,* den waagerechten Strich, der *N* bedeutet, die vier Punkte für die Konsonantengruppe *KH,* den Kreis, dem zwei Punkte und eine liegende Klammer vorausgehen, die das Wort für *Katze* bilden. Sie machte eine Pause, löschte mit der Hand, was sie geschrieben hatte, und forderte mich auf, ihre Zeichen zu wiederholen. Ich versuchte es, so gut ich konnte. Um mich zu belohnen, zeichnete sie mit ihren Fingerspitzen Gedichte in den Sand. Mit den Händen einer *imsad*-Spielerin fuhr sie durch den Sand. Ich hatte kaum Zeit zu staunen, schon löschte sie, was sie geschrieben hatte, um neue Zeichen zusammenzufügen. Wie viele Fabeln und Balladen sind so unter dem Flügel ihrer Hand oder im Wind der Dünen davongeflogen? Ich könnte es nicht sagen. Sie kannte Unzählige.

Sobald ich Wörter zusammensetzen konnte, verlangte sie, dass ich Sätze bildete: »Schreib, was du gern werden möchtest.«

Also schrieb ich auf den Sandboden des Zelts: »Hier, ich, Mano wird das schönste Kamel haben«, »Hier, ich, Mano wird Karawanier auf der Piste nach Bilma«, »Hier, ich, Mano wird die schönste *scheschia* und die schönste Kriegstrommel haben.« Meine Finger malten die Buchstaben von links nach rechts, von rechts nach links, von oben nach unten, von unten nach oben. Im *tamaschek* bestimmt der Anfang »Hier, ich«, in welche Richtung der Text zu lesen ist.

Es ist dieses »ich«, mit dem ein Kind seine Persönlichkeit entwickelt.

Meine Mutter weihte meine Schwestern in die Geheimnisse und den Nutzen der Heilpflanzen ein. Sie brachte ihnen bei, welche Pflanzen Geschwüre heilen, welche von der Maul- und Klauenseuche oder von Bauchschmerzen befreien, welche Leberschmerzen lindern. Sie zeigte ihnen den Oleander, der den flatterhaften Ehemann wieder treu werden lässt, und machte sie mit der heilenden Wirkung von Tonerde und anderen Mitteln wie Straußenfett, Kamelurin, Knochenmark von Gazellen und Ködel von Mutterschafen vertraut. Und auch, so wird erzählt, mit der abtreibenden Kraft einiger Pflanzen, ein Geheimnis, das die Frauen eifersüchtig hüten.

Mein Vater war nie dabei, wenn meine Mutter mich unterrichtete. Nur von Zeit zu Zeit kam er ins Zelt und strich mir im Vorbeigehen über den Kopf. Diese Geste spornte mich an. Es war, als interessierte sich Gott selbst für mich. Innerhalb unseres Stammes galt er als direkter Nachkomme der adligen Krieger, die die langen Karawanen beschützten. Meine Mutter sagte, er könne mit einem einzigen Säbelhieb einen Reiter mitsamt seinem Reittier von oben bis unten spalten. Ich glaubte ihr. Mein Vater konnte einfach nichts anderes sein als ein Held. Ich verfolgte jede seiner Handbewegungen; die Art, wie er den kreuzförmigen Knauf seines Kamelsattels streichelte, die Eleganz seiner Hände beim Binden seines *tugulmust,* des Gesichtsschleiers der Männer, der ihn mit einem indigoblauen Glorienschein umgab; die Art, wie er das Essen an den Mund führte, ohne dabei den Schleier anzuheben.

Er sprach stets in ruhigem Tonfall. Ohne jemals über die Gegenwart zu klagen, erzählte er von der Zeit, in der die Familien dank der guten Weidegründe für länger in demselben Wadi verweilen konnten. Wenn er von dieser Vergangenheit sprach, schien in seinen Augen Traurigkeit auf, die er sogleich beherrschte.

»Mano«, sagte er eines Tages zu mir, »der Unterricht, den die Europäer geben, hat Gott aus unserem Land vertrieben. Eines Tages wirst du dein Wadi verlassen müssen, um vor diesem Unterricht zu fliehen.«

Ich antwortete nicht; einerseits aus Ehrerbietung gegenüber meinem Vater, aber auch, weil diese Worte mich zutiefst beunruhigt hatten.

In jener Nacht lag ich wie immer auf meiner Matte neben dem Bett meiner Eltern. Ich suchte nach den Gründen, weshalb Gott den Tuareg zürnte. Warum würde ich eines Tages fliehen müssen? Vielleicht hatte mein Vater etwas ganz anderes sagen wollen. Vielleicht hatte er Angst vor den *Kel Essouf,* den Dschinns, die die Kinder stehlen, um sie ins Reich der Geister zu entführen. Oder fürchtete er *Roul,* den schwarzen Engel der verirrten Reisenden, der in den Sanddünen sein lautes Gelächter erschallen lässt? Nein, mein Vater hatte vor nichts Angst.

Was dann?

Ungeduld ist der schlimmste aller Feinde; ich musste warten, bis mein Vater bereit sein würde, mir den Schlüssel zu diesem Geheimnis zu geben.

Im Halbdunkel erahnte ich die an den Astgabeln aufgehängten Lederschläuche, die das Wasser frisch halten, die hölzernen Schöpfkellen für Hirse und Sauermilch, das Zaumzeug für den Esel und für das Kamel meiner Mutter, Mutters Halsketten aus ziseliertem Silber, ihre verschiedenen Glücksbringer. Bald, hatte mein Vater gesagt, würde ich das alles nicht mehr sehen. *»Matilan, matilan!«:* Daran kann man nichts ändern. Man muss es hinnehmen. Auch wenn es einem Angst macht.

Vor allem, wenn es einem Angst macht.

Am nächsten Tag führte mich meine Mutter sehr weit fort hinter die Zelte, wo die sechs Monate bis ein Jahr alten Kamelfohlen mit gefesselten Fußgelenken auf die Rückkehr ihrer Mütter warteten.

»Such dir ein Fohlen aus«, sagte sie zu mir. »Dein Vater schenkt es dir.«

Um meine Freude zu verbergen, schluckte ich und räusperte mich. Ein Kamel für mich, für mich ganz allein? Ich konnte es nicht glauben.

Um die jungen Tiere nicht zu verängstigen, näherte ich mich ihnen ganz langsam. Ich schaute sie mir genau an und versuchte, ihre Vorzüge und Nachteile einzuschätzen. Das da … zu ängstlich, das da … zu stämmig. Ein Tier mit verschiedenfarbenen Augen wollte ich nicht. Ich wusste, dass die Transportkamele schwerfällig sind, bösartig und meistens taub. Ich wollte keine Kamelstute, die gerade mal dazu taugte, das Rad am Brunnen in Gang zu halten. Ich brauchte ein richtiges Kamel aus dem Aïr mit seinen knochigen Gliedmaßen, einem schlanken Hals und glatten Ohren.

Mein Bruder Eddoua hatte mir beigebracht, am Widerrist und an der Brust eines jungen Kamels zu erkennen, ob es später ein Reitkamel würde, wie geschaffen für Kamelrennen und lange Märsche durch den Wüstensand.

»Sein Hals muss gestreckt sein, seine Ohren aufgerichtet.«

Für mich war vor allem wichtig, dass es weiß war. Weiß wie das Kamel meines Vaters, das mit seinem Geschirr und dem Schmuck, der sich von seinem elfenbeinfarbenen Fell abhob, an den großen Paraden so viel Lob erntete.

Wie aber sollte ich unter all diesen Fohlen, die noch das Haarkleid eines Jungtiers hatten, das Reitkamel herausfinden, das mich zum Helden des *ahal* machen würde? Der *ahal,* der Liebeswettstreit, bei dem die Frauen auf der *tindi* trommeln und die Männer ihre Herzen zu erobern suchen, indem sie ihre mit den schönsten Sätteln geschmückten Kamele zu den Rhythmen auf der Stelle tänzeln lassen.

Das Kamel, das ich schließlich auswählte, war unscheinbar und hatte eine milchweiße Farbe. Sein Maul war weich, aber sein Schwanz ähnelte den Besen, die die Frauen benutzen, um die aus den Säcken gerieselten Hirsekörner zusammenzufegen.

»Wie willst du es nennen?«, fragte mich meine Mutter.

»Abzaw!«, antwortete ich sofort.

In der Sprache der Tuareg bedeutet *abzaw* weiß. Ich fühlte mich wie ein Prinz.

Viele Tiere zählten zu meinem Königreich in meinem Wadi von Tidène. In der Regenzeit holte ich die schwarzweiß getupften Perlhuhnküken aus ihren Nestern in den Höhlungen der Tamariskenstämme. In meinen hohlen

Händen trug ich sie zu den Zelten und zähmte sie. Ich fütterte sie mit Hirsekörnern, die sie mir aus den Mundwinkeln pickten. Ich sprach mit ihnen, glättete ihr Gefieder und brachte ihnen das Trinken und Körnerfinden bei. Als sie ausgewachsen waren, pickten sie um die Zelte herum und kamen abends zurück, um sich ins Stroh zu kuscheln, aus dem die Frauen Fächer zum Anfachen des Feuers flechten. In der darauffolgenden Regensaison trafen sie auf wilde Perlhühner, die aus dem Norden gekommen waren, und flogen mit ihnen davon, kamen zurück, flogen wieder fort mit lautem Flügelschlag. Einen Tag, zwei Tage, drei Tage ging das so, dann verschwanden sie für immer. Sie hatten ihre Flügel und das Leben in der Wildnis wiederentdeckt.

Auch ein Lamm hatte ich, das das Mutterschaf nicht säugen wollte. Es war ein Böcklein. Ich gab ihm Milch und stopfte es mit Weizenfladen voll, die unter der heißen Asche gebacken wurden. Es folgte mir überall hin, und nachts schliefen wir zusammen im Sand. Als es begann, mit seinen Hörnern um sich zu stoßen, brachte ich ihm bei, mit gesenktem Kopf draufloszugehen, zunächst auf meine Hand, dann auf meine Freunde Amghar, Intalak und Mawli, die dieses Spiel als Herausforderung annahmen. Als er ein ausgewachsener Widder geworden war, griff er alle an, die ihm über den Weg liefen, und ich musste mich von ihm trennen. Er ist an Altersschwäche gestorben. Bei uns tötet man niemals Tiere, mit denen die Kinder enge Freundschaft geschlossen haben.

Ich hatte einen Windhund, der schneller war als die Wolken. Ich hatte auch einen Kater. Für Menschen, die als Nomaden umherziehen, ist das ein unerhörter Luxus. Sein Name war Amayas. Amayas heißt Gepard. Als ich ihn verlor, erzählte mir meine Schwester, sie habe ihn im Traum gesehen.

»Wo war er?«, fragte ich sie.

»Schau!«, antwortete sie und zeigte in den Himmel. »Siehst du die beiden funkelnden Punkte? Das sind seine Augen. Er hat sich in Sterne verwandelt.«

Ich wusste nicht, dass es noch eine andere Welt gab. Wie hätte es sie auch geben können, wo doch gleich hinter unseren Zelten der Sand, der Durst, das Nichts begannen! Natürlich gab es andere Familien, die wie wir von einer Wasserstelle zur anderen zogen, natürlich gab es im Süden eine Stadt mit Namen Agadez. Die von dort zurückkamen sagten, sie hätten Hütten gesehen, die eine auf der anderen standen. Das wollte ich nicht glauben. Warum sollte man sein Zelt auf ein anderes stellen, wo es doch so viel Platz in der Wüste gibt?

Eines Tages kam ein Reisender ins Lager. Er kam von nirgendwoher. Sand wirbelte unter den Füßen seines *Meharis* auf; in einiger Entfernung von den Zelten hielt er an. Mehrmals drückte er seine Fersen gegen den Hals des Kamels, sodass es sich niederließ; dann stieg er gemächlich aus seinem Sattel. Für ihn gab es keine Zeit.

Ein Mann des Stammes ging auf ihn zu und zeigte ihm die Stelle, wo er sich für die Nacht einrichten konnte. Nur wenige Worte wurden gewechselt, aber zehnmal, zwanzigmal wiederholten sie den Gruß mit den Händen, bei dem abwechselnd die Finger des einen auf die Handfläche des anderen klatschen. Ein wortloser Dialog.

Dann brachte ihm mein Vater eine Matte und eine Decke. Aus Ehrerbietung dem Fremden gegenüber hätte er niemals zugelassen, dass man diesem erschöpften Mann ein Almosen in Form einer Kürbisflasche voll Wasser brachte. *Aman Iman:* Wasser ist Leben. Man bettelt nicht um das Leben.

Erst sehr viel später bot ihm eine Frau Wasser an.

Damit war das Schweigen gebrochen. Die jungen Mädchen begannen, den Teig aus Getreide zu kneten und die Hirsekugel zuzubereiten, die mit Milch übergossen wird, in die man Datteln und Frischkäse gerührt hat. Am Abend holten die Frauen die *tindi* hervor, den Mörser, in dem man Korn zerstößt, über den man bei besonderen Anlässen aber eine Ziegenhaut spannt und ihn so in eine Trommel verwandelt. Es war die Stunde, in der Gedichte entstehen. Ein Mädchen pries in seinem Lied die Vorzüge ihres Bruders Bazo, der auf dem fernen Berg Greboun den Mufflon gejagt hatte – und dazu verurteilt war, seinen Vetter Filoun zu begleiten, diesen schäbigen Briefeschreiber, der es vielleicht verstand, in die Rinde des *adjarr* Botschaften für die Karawaniers zu ritzen, der es andererseits gewagt hatte, sie zu misshandeln. *Eine Frau misshandeln:* die schlimmste aller Feigheiten!

Um ihr besser zuhören zu können, legten sich Köpfe auf die Schulter des Nachbarn, auf die Knie der Nachbarin. Der Lärm des Hammers beim Zerkleinern des Zuckers, verbunden mit dem Geräusch, das entsteht, wenn siedendes Wasser in die Teekanne gegossen wird, löste die Zungen, und jeder berichtete voller Eifer, was er gesehen, was er gemacht hatte.

Auch der Reisende fühlte sich ermuntert, von den Weidegründen, die er durchquert hatte, zu erzählen; er sprach vom Zustand der Brunnen, zu denen er gekommen war, verschwieg aber den eigentlichen Zweck seiner Reise.

Ich war fasziniert von diesem Mann, der aus der Wüste kam, der in die Wüste zurückkehren würde. Ich hatte mich noch nicht in der ungeheuren Weite geläutert. Ich war noch blind.

Plötzlich bat der Reisende meinen Vater, ihm ein Gespräch unter vier Augen zu gewähren. Er wollte sich mit ihm allein unterhalten.

Als er zurückkam, schaute er mich lange an und sagte, indem er seine Hand auf meine Locken legte, zu meinem Vater: »Erzähle dem Jungen, was sie meinem Sohn Abarad angetan haben … Er ist alt genug, es zu erfahren.«

»Wer ist *sie?*«, fragte ich.

Als hätten meine Worte ihn verletzt, antwortete er sofort: »*Sie,* das sind die Männer, die sich in der Wüste Kinder schnappen. Es sind Söldner; sie reißen die Kinder aus ihren Familien, aus ihren Wadis. Sie haben Abarad geholt. Hinter Steinmauern, die wie Gefängnisse aussehen, haben sie ihn eingesperrt. Sie verbieten ihm, unsere Sprache zu sprechen. Sie lassen ihn nicht die *scheschia* tragen. Sie zwingen ihn, sich zu kleiden, wie sie es tun, zu denken wie sie … Das wollen sie mit allen Tuareg-Kindern machen!«

Mein Blick wanderte von meiner Mutter zu meinem Vater. Ich verstand nicht. Verbieten, *tamaschek* zu sprechen und die *scheschia* zu tragen? Die Söldner? Ein Kind im Gefängnis? Der Mann musste verrückt sein. Warum taten die Frauen nichts? Sie hätten versuchen sollen, ihn von seiner Verhexung zu befreien, hätten auf der *tindi n'goumaten* trommeln müssen, die den Dämon verjagt. Sie hätten den Kranken zwingen müssen, bis zur Erschöpfung zu tanzen. Das hatte man auch mit Ekadé gemacht, der vom Teufel besessen war. Ich erinnere mich: Der Schmied gab ihm einen Säbel in die Hand, und die Männer tanzten um ihn herum, wobei sie raue Schreie ausstießen, während die Frauen auf die Häute ihrer Trommeln schlugen. Ekadé drehte sich, sprang, tobte. Sein ganzer Körper wurde von Krämpfen geschüttelt, und ein weißlicher Schaum quoll ihm aus den Mundwinkeln. Er verdrehte die Augen, und die Klinge seines Säbels zerschnitt die Luft wie metallische Blitze. Bis zum frühen Morgen hatten die Trommelwirbel der *tindi* ohne Unterlass seine Todesängste begleitet. Dann erst war Ekadé auf dem Boden niedergebrochen, erschöpft … und geheilt.

Und jetzt ließ man, ohne etwas zu tun, diesen *iblis* weiterziehen, diesen Mann mit verwirrtem Verstand und Worten voller Galle.

»Hab keine Angst!«, sagte da mein Vater zu mir. Niemals werden dich die Söldner finden.«

Mein Vater beschützte mich. Er war ein Weiser. Nichts konnte mir geschehen.

Eines Tages kam meine Mutter zu mir. Sie löste eins ihrer Amulette von ihrem Hals und legte es auf die Matte.

»Siehst du«, sagte sie, »diesen Glücksbringer habe ich von den Marabuts, den frommen Männern, die für Gerechtigkeit sorgen und alle, die es wünschen, die Verse des Korans lehren. Es sind Heilige, die man verehren muss, denn sie können Talismane herstellen, die vor Kugeln, Schwerthieben, bösen Geistern und Krankheiten schützen. Dank den Marabuts konnten in diesem Jahr unsere Wadis alle Wasser des Himmels auffangen. Manche sagen, dass sie sogar den Dschinns die Stirn bieten können.«

Sie erzählte mir auch von den Sklaven, die die Anführer der Tuareg-Krieger von ihren Raubzügen im Süden der Sahara zu Hunderten mitgebracht hatten.

Es fiel mir schwer, diese Ungerechtigkeit zu verstehen. Ich hatte Freunde, die von diesen ehemaligen Sklaven abstammten. Wir hüteten auf dieselbe Weise die Herden, wir gingen auf dieselbe Weise zum Brunnen. Wo war da ein Unterschied? Sicher, ihre Eltern waren unsere Diener, aber sie galten als Teil der Familie. »Wer sich einen Strick um den Hals legt, dem gibt Gott einen, der ihn an diesem Strick zieht.«

Niemals hatte meine Familie an diesem Strick gezogen.

Am meisten fürchtete ich die Schmiede, die mitten unter uns lebten. Sie brachten das Eisen zum Erglühen für Säbel und Schmuckstücke, die oft noch furchterregender sind als die Säbel. Schon als kleines Kind lernt man, sie zu fürchten, denn sie sind die Söhne des Feuers. Sie haben die Macht, Silber, Erz und Kupfer zu zähmen und miteinander zu verschmelzen. Aus ihrer Esse können sie durch Zauberei ebenso gut ein Werkzeug wie eine blanke Waffe ziehen, eine Axt zum Bäumefällen oder eine Rolle für das Brunnenseil. Sie bearbeiten Leder und Holz, sie stellen Schüsseln, Löffel, Mörser und Kamelsättel her. Man weiß weder woher sie kommen, noch woher sie ihre Kunst haben. Zweifellos von den Dschinns, mit denen sie einen Pakt geschlossen haben.

»Komm ihnen nicht zu nahe«, schärfte mir meine Mutter immer wieder ein, »sie können dich verhexen.«

Dennoch, ihre Handbewegungen faszinierten mich, wenn sie das Eisen schlugen, dass die Funken stoben, und sie es in Schwerter oder Armdolche verwandelten. Ich fragte mich, welche Kniffe sie anwandten, um wie durch ein Wunder unter ihren Händen Vasen und Mörser aus dem Lehm entstehen zu lassen, den sie aus den Wasserläufen geholt hatten. Wie konnten sie mit ihrer Axt oder mit ihrem winzigen Messer diese Sättel mit Sattelknopf, diese Tragsessel für die Frauen, diese reich verzierten Ledertaschen, die man an den Flanken der Reitkamele befestigt, diese Beutel für *Khôl* und Tabak, alle diese mit so viel Eleganz gearbeiteten und verzierten Gegenstände herstellen? Niemand wollte darüber sprechen. Man redet nicht von der Hand, die der Teufel führt.

Ich verstand nicht, wie man diesen Männern, die mich so faszinierten, ohne Respekt begegnen konnte. Auch wenn diese Unberührbaren das Recht hatten, zu betteln und sich in aller Öffentlichkeit zu beklagen.

Betteln, sich beklagen: der Inbegriff der Verkommenheit.

Dennoch hingen alle an ihren Lippen, wenn sie im Verlauf eines Festes ihre um den Hals gehängten Trommeln schlugen und die Vorzüge eines Mannes aus unserem Stamm und vor allem die Anmut einer Frau priesen, von der sie allerdings dafür bezahlt worden waren.

Der Mund Gheishatus ist süß wie die Geige,
ihre Augen sind wie das glühende Feuer beim ahal,
wo die jungen Adligen ihre Hände und ihre Sprache bewundern.

»Der Schöpfer beschützt sie, wie er die Schakale beschützt«, flüsterte mir mein Bruder Eddoua eines Abends ins Ohr, als einer dieser Handwerker an unserem Zelt vorüberging. »Unglück über den, der ihm einen Dienst verweigert, denn für den wird er nichts mehr herstellen, und er wird alles daransetzen, die Ehre dieses Mannes zu beflecken.«

Die Schmiede bleiben unter sich, heiraten unter sich, werden verachtet, aber der Stamm kann nicht auf sie verzichten. Und trotz allem haben sie das Privileg, die guten und die schlechten Nachrichten zu verkünden: die Geburt eines Kindes, den Tod eines Menschen. Sie sind es, die den Verstorbenen waschen und zurechtmachen, die eine Verlobung ansagen, die das Mattenzelt für die Brautleute errichten, die den Heiratsvertrag zwischen den Familien und den zukünftigen Eheleuten aufsetzen.

Ich war sieben Jahre alt, als mich der Schmied, der mir so große Angst einjagte, zur Beschneidung abholte. Gefolgt von meinem prunkvoll gekleideten Vater, führte meine Mutter mich hinter ihr Zelt. Ich stand unter der sengenden Sonne und ballte meine Fäuste auf dem Rücken. Dies war meine erste Bewährungsprobe. Das an einen Pflock gebundene Lamm, das man zu diesem Anlass opfern wollte, zitterte am ganzen Leib. Wir waren zwei gehetzte Tiere. Ich aber durfte nicht zittern, durfte vor allem nicht dieselbe Angst zeigen wie das Lamm.

Als sich der Schmied näherte, wagte ich es, ihn direkt anzusehen. Bekleidet mit seinem weiten, schwarzen *bubu,* das Gesicht hinter dem dunklen *tugulmust* verborgen, ließ er mich nur seine fiebrigen, mit Khôl umrandeten Augen sehen. Ich ahnte die Anwesenheit einiger Mitglieder meines Stammes, die gebannt seinen Bewegungen folgten. In der Hitze dieses Nachmittags war das Schweigen beklemmend wie ein drohendes Gewitter.

Mit einem stumpfen Messer in der Hand kam der Schmied auf mich zu. Ich musste ihm meinen Unterleib hinhalten. Vor Angst war ich wie gelähmt. Rasch fuhren seine Finger zwischen meine Beine. Danach weiß ich nichts mehr. Ich fühlte die Einschnitte in mein Fleisch, von seinem blinden Messer verstümmelt … und dann dieser Schmerz, den ich hinter meinen zusammengebissenen Zähnen zurückzuhalten hatte. Als ich meine Augen senkte und das Blut sah, das an meinen Schenkeln herabfloß, rannte ich los und stieß das *»heii«* der Tuareg aus, die dem Sieg entgegenstürmen. Das *»heii«* der großen Krieger.

Danach strich der Schmied eine Salbe aus zerstoßenen Pilzen auf die Wunde und umgab meine Hüften mit einem viereckigen Stück Stoff. Ich hatte meine Nacktheit verloren.

Ich war ein Mann geworden.

3

An diesem Tag schenkte mir meine Mutter eine lange Hose aus Baumwollstoff, die man *ekarbay* nennt, und eine *gandura.* Wenn ich auch der kleine Hirtenjunge blieb, von dem man verlangte, dass er die Ziegen hütete, durfte ich doch meine Nächte nicht mehr im Zelt der Familie verbringen. Ich schlief unter freiem Himmel, in einer Felshöhle oder unter den freundschaftlichen Zweigen eines Baumes.

Ich erinnere mich, dass mir mein Vater an dem Abend jenes Tages das schönste aller Geschenke machte. Um zu zeigen, dass er mich ab jetzt zu den Männern des Stammes zählte, schwang er mich hoch hinauf auf sein Mehari und forderte mich auf, mich den Frauen vorzustellen, die um das Feuer saßen und auf der *tindi* trommelten.

»Du musst das Kamel auf der Stelle tänzeln lassen und seine Vornehmheit und seinen ganzen Stolz zur Geltung bringen«, sagte er zu mir. »Halte den Kopf gerade und bewahre vor allem deine Würde.«

Es ging um seine Ehre. Ich war sein Sohn, ich durfte ihn nicht enttäuschen.

Da saß ich nun hoch oben im Sattel, hatte die Füße

auf dem Hals des Kamels gekreuzt und folgte, so gut ich konnte, dem Rhythmus der *tindi.* Ich wusste, welchen Druck ich jeweils auf den Nasenring meines Reittiers ausüben musste, damit es stehen blieb, niederkniete, eine tiefe Verneigung machte, die Vorderbeine kreuzte. So oft hatte ich meinem Vater bewundernd zugeschaut, wenn er Kamele dressierte, dass ich keinerlei Schwierigkeiten hatte, meine Kür sorgfältig auszuführen. Als es mir durch eine Wellenbewegung, bei der ich meinen ganzen Körper einsetzte, sogar gelang, mein Kamel dazu zu bringen, sich niederzulassen, umringten mich die Frauen, um mich zu beglückwünschen.

Ich schaute meinen Vater an. Seine Augen glänzten vor Freude.

Recht schnell lernte ich, Seile aus Fasern der Dumpalme zu flechten und ein Feuer zu machen, indem ich meinen Stock aus hartem *adjarr*-Holz in hohlen Ästen des *torşa*-Strauches rasch hin und her bewegte. Ich lernte, die Tiere zum Brunnen zu führen, lernte, die Kamelfohlen zusammenzutreiben, bevor ihre Mütter von der Weide kamen. Die Fohlen einzufangen wurde zu einem richtigen Wettkampf unter uns Hirten, bei dem jeder sein Können und seine Gewandtheit zeigen musste. Einige Fohlen ließen uns ganz nahe herankommen, nahmen aber in letzter Sekunde Reißaus, andere bäumten sich auf oder schlugen aus, wieder andere warteten, bis wir sie an ihrem Schwanz gefasst hielten, um dann mit uns um die Zelte herumzugaloppieren. Wir wurden durch den Staub oder durch die Büsche geschleift und durften nicht lockerlassen. Lieber ließen wir uns die Haut abreißen, als die Schmach zu ertragen, beim geselligen Zusammensein am Abend als Angsthasen ausgelacht zu werden.

Wie alle Kinder meines Alters musste auch ich mich mit dem *amali* messen, dem Deckhengst, der nur gehalten wird, um Nachkommen zu zeugen.

Die Kamelstuten waren in einem kleinen Tal versammelt, und er galoppierte von einer zur anderen, knabberte ihnen am Hals herum, umklammerte mit seinen Vorderbeinen ihren Rücken. So regiert er zur Brunftzeit über sein Serail und duldet nicht, dass sich ein Mensch oder ein anderer Kamelhengst seinen Stuten nähert.

Vorsichtig drang ich in sein Territorium ein. Ich verletzte sein Hoheitsgebiet.

Ohne ihn aus den Augen zu lassen, ging ich auf ihn zu. Ich wusste, der Hengst würde mich, wenn er mich erwischte, zwischen seine Kinnbacken nehmen, mich durch die Lüfte schleudern, sich auf mich legen, um mich mit seinem Gewicht zu erdrücken. Ich hatte gesehen, wie er gegen einen anderen Hengst gekämpft hatte, ihm mit Zähnen wie Mühlsteinen einen Fuß abgerissen und ihm mit gewaltigen Tritten das Genick gebrochen hatte. Nicht einmal die Männer konnten sich ihm da nähern.

Nichts auf der Welt hätte mich davon abhalten können, in das Gehege einzudringen, in dem dieser Killer mich erwartete und dabei aus seiner Brust raue Töne ausstieß, dem Rollen des Donners ähnlich. Seine Beine fest gegen den Boden gestemmt, beobachtete er mich, knirschte mit den Zähnen und spie einen aus seinem Schlund hervorgewürgten Klumpen Fleisch aus. Als er auf mich losraste, den Kopf ganz nah am Boden, wurde ich von Panik ergriffen. Natürlich hatte ich mir vorher den Baum ausgeguckt, auf den ich mich in letzter Sekunde retten wollte, aber der Anblick seiner grässlichen Zunge und die Töne, die aus seiner Kehle kamen, nagelten mich am Boden fest. Ich bückte mich und packte eine Faust voll Erde, die ich ihm entgegenschleuderte. Von der Staubwolke überrumpelt, strauchelte er, fiel auf die Seite, sprang mit einem Satz wieder auf und versuchte es noch einmal. Ich raste zu dem Baum, klammerte mich an seinem Stamm fest und schwang mich, während mein Herz heftig klopfte und mein Magen sich verkrampfte, auf die höchsten Äste.

Ich hatte mir meinen Platz unter den echten Hirten erobert. Ab jetzt zählte ich dazu.

Ich musste noch Abzaw dressieren, das Kamelfohlen, das ich geschenkt bekommen hatte. Seit Kurzem war er von der Muttermilch entwöhnt, und er nahm den Halfter an. Aber er brummte böse, sobald ich ihm zum Reiten das Seil, das ihm als Gebiss dienen sollte, über die Zunge streifen wollte. Um auf seinen Rücken klettern zu können, zog ich seinen Kopf zu mir heran und zwang ihn stillzuhalten, indem ich mit den Fingern in seine Nüstern fuhr. Mit einem Satz sprang ich dann auf seinen Hals und ließ ihn losgaloppieren. Er wendete jede nur denkbare List an, um mich abzuwerfen: Er schlug aus, machte Kapriolen, warf sein Hinterteil in die Luft. Unweigerlich warf er mich dabei zu Boden, oder er raste auf einen Dornbusch zu, um sich von mir zu befreien. Die Beine fest gegen seinen noch kleinen Höcker gestemmt, zerrte ich an seinem Zügel, zerschnitt ihm das Maul, hämmerte auf seinen Hals ein. Schließlich aber trabte er in meinem Rhythmus und ging dorthin, wohin ich wollte. Ich musste ihm nur noch beibringen, zur *tindi* zu tänzeln und sich niederzulassen.

Ich kam nicht mehr dazu.

»Mano«, sagte meine Mutter noch an demselben Abend im Zelt zu mir, »du bist das jüngste meiner Kinder. Hör gut zu, ich muss dir etwas sagen.«

Sie streckte ihren Arm aus, griff nach ihrer *imsad* und begann, der Geige eine klagende Melodie zu entlocken. Ich ahnte, dass sie unglücklich war und dass nur die Musik ihr erlaubte einzugestehen, was sie auf dem Herzen hatte. Ich schwieg.

»Es lebte einmal«, begann sie, »es lebte einmal eine große Familie mit drei Mädchen und vier Jungen am Rande eines Wadi. Trotz der großen Dürren, welche die Herden auf der Suche nach Nahrung von einem Ort zum anderen trieben, lebte diese Familie in ruhiger Freude. Niemand war krank, Ziegen und Kamelstuten gaben viel Milch, und die Brunnen, auf die sie während ihrer Wanderschaft stießen, waren niemals versiegt.«

Sie schloss die Augen, um sich besser konzentrieren zu können, und ihre Nase kräuselte sich in kleinen Fältchen. Was wollte sie mir sagen? Ich begnügte mich damit, ihren Mund zu betrachten und ihre Finger auf dem Bogen der *imsad* zu beobachten. Ich wusste, ich würde warten müssen, bis mit den Tönen die Wörter kämen, bis die Töne die Wörter herbeiriefen.

»Stärker als die Dürre«, fuhr sie leise singend fort, »unerbittlicher als der Durst, beschlossen eines Tages die bösen Geister, diese Familie heimzusuchen und ihr den jüngsten Sohn zu entreißen.«

Ich hing an ihren Lippen. Erzählte sie mir einen Traum?

»Diese bösen Geister waren bewaffnete Männer, die auf ihren Kamelen die Wüste durchstreiften. Trotz aller Talismane gelang es keinem Marabut, sie zu vertreiben. Aus einem Nomadenlager nach dem anderen holten sie die jüngsten Söhne und nahmen sie mit. Die kleinen Mädchen beachteten sie nicht. Natürlich verkleideten einige Nomaden ihre Söhne als Mädchen, aber immer konnten diese boshaften Dschinns die Jungen herausfinden, die sie dann am Höcker ihrer Kamele festbanden und fortbrachten.«

Sie legte ihre *imsad* auf den Boden und machte eine kleine Pause. Dann setzte sie hinzu, indem sie jedes ihrer Worte einzeln betonte: »Mano, erinnere dich an den Reisenden, der bei uns Rast gemacht hat. Was er gesagt hat, ist wahr. Sie haben seinen Sohn Abarad entführt und ihn in etwas eingesperrt, was sie Schule nennen. Bald werden sie ihn in das Land der Europäer bringen. Sein Wadi wird er nie wiedersehen. Er ist für seine Familie verloren.«

Ich wollte mein Wadi nicht verlieren, ich wollte nicht, dass ich meine Familie nie wiedersähe. Ich begann zu schreien: »Aber mich werden sie doch nicht holen? Sag, dass sie mich nicht anrühren werden!«

Sie begann zu zittern und murmelte ganz leise: »Sie sind schon auf der Piste zu unserem Lager und nur noch zwei Tagesreisen entfernt. Übermorgen werden sie hier sein. Du musst dich in Sicherheit bringen.«

»Aber warum denn ich? Ich habe nichts Böses getan!«

»Nein, du hast überhaupt nichts Böses getan. Vertraue auf Allah, die Wüste wird dich so lange verbergen, bis sie wieder fort sind. Morgen brichst du mit deinem Vater auf.«

»Morgen brichst du mit deinem Vater auf.«

Wie lange wird die schmerzhafte Erinnerung an diesen Tag mich in der Gegenwart verfolgen?

Ist es schon Tag oder noch Nacht? Ich könnte es nicht sagen. Der Himmel ist malvenfarben wie die *tahanna*-Blüte. Kein Lüftchen regt sich im Nomadenlager. Meine Mutter legt unsere Sachen zurecht. Sie will uns unbedingt bis zu den ersten Dünen, die das Tal begrenzen, auf ihrem Esel begleiten. Mein Vater lädt sich seinen Kamelsattel auf den Rücken. Vor dem Zelt heben sich gegen den heller werdenden Himmel reglos zwei Kamele ab. Zwei Kamele aus dem Aïr, ausdauernd und robust. An ihren Flanken hängen die Wassersäcke und die Säcke mit Hirsemehl. Meine Mutter versichert sich mit gewissenhaften Gesten, dass sie gut befestigt sind. Sie sieht so klein aus. Der Esel, auf dem sie uns begleiten will, ist an seinem Pflock festgebunden. Er hat die Ohren aufgerichtet und wird ganz gewiss gleich anfangen zu schreien. Ich springe zu ihm hin und halte ihm mit beiden Händen die Nüstern zu. Die anderen Stammesmitglieder, die in ihren Zelten schlafen, dürfen nicht geweckt werden. Niemand weiß, dass wir das Lager verlassen. Niemand darf etwas erfahren.

Jetzt folgen wir dem Wasserlauf. Die Erde ist rissig. Die schwarze Masse der Basaltfelsen hebt sich von dem Gras ab, das gelb ist wie Stroh. Bald wird die große Trockenheit beginnen.

Da, die Zwergtamariske, in der sich die Perlhühner verstecken; da, die Akazie, die ich schüttelte, um die saftstrotzenden Blüten zu ernten; da, das Fleckchen Schatten, in dem meine Schwester Tahédag mir beibrachte, die fünf Finger der Hand voneinander zu unterscheiden:

Dieser ist der arme Kleine,
der hier trägt den Ring,
der Große da hat keine Früchte,
und dieser schleckt den Honig.
Der zerdrückt die Läuse,
die Maus und die Ameise,
so gut wie Thujastaub.

Schweren Herzens ziehe ich fort, führe mein Kamel am Zügel. Mein Vater geht voran, meine Mutter folgt ihm auf dem Fuß. Aus Taktgefühl wenden sie sich nicht zu mir um. Sie wissen, dass ich Erinnerungen sammle.

Das Tal wird enger. Keine Bäume mehr, keine Vegetation. Mein Vater lässt sein Kamel niederknien, und es stöhnt dabei vor Anstrengung. Ich schlage meinem Kamel in die Kniekehlen und zwinge es so, sich niederzulassen. Dann klettere ich auf seinen Rücken. Ich sehe, wie mein Vater zu meiner Mutter geht und ihr auf den Esel hilft. Das nächste Wadi, bei dem sie uns verlassen und kehrtmachen wird, ist vier Wegstunden entfernt. Vier Stunden zu reiten, auf unseren Tieren durchgerüttelt zu werden. Vier Stunden durch eine steinige und ausgedörrte Landschaft. Vier Stunden verloren in der Stille.

Wie lange würde ich mich verstecken müssen? Nach wie vielen Tagen würden wir in der Wüste ankommen, von der mir die Karawaniers, die nach Bilma ziehen, so oft erzählt haben? In dieser Wüste mit ihren raunenden Dünen, der Unendlichkeit ihres Sandes und ihren kristallenen Klängen?

Ich weiß es nicht. Ich bin unglücklich.

Mein Vater hat sein Kamel angehalten. Er hebt die Hand. Wir traben zu ihm hinüber. Auf dem Boden sehen wir große Steine, angeordnet in konzentrischen Kreisen und mit Zweigen von Dornbüschen bedeckt: ein Friedhof aus ein paar unbedeutenden Granitsteinen, verloren in einer Mondlandschaft. Wer mag hier ruhen? Eine Frau? Ein Kamelhirte? Ein Kind? Ein Greis?

»Niemand«, sagt meine Mutter zu mir. »Man soll nicht an die denken, die nicht mehr unter uns sind. Liebe verschenkt sich nur im Leben. Zu einem Grab kann man nichts als Steine und Kies bringen.«

Wir folgen wieder der Piste. Die Sonne fällt senkrecht herab, der Horizont schwankt und verzerrt die Entfernungen. Das Kamel meines Vaters vor mir bewegt sich in einem gleißenden Lichtkranz. Ich habe Durst. Meine Lippen sind ausgetrocknet, und mein Speichel schmeckt wie Gerbsäure. Ich führe den Zügel meines Kamels an meinen Mund. Er ist spröde und salzig. Ich muss noch durchhalten, darf nicht zu trinken verlangen. Ich versuche, meine Aufmerksamkeit auf die Spuren, die sich in den Boden eingedrückt haben, zu konzentrieren, vergängliche Wegzeichen, die mir helfen sollen, die Zeit aufzulösen. Alle meine Gedanken kreisen um Wasser: um den Tau auf den Gräsern vor Sonnenaufgang, um den Regen, der über den Körper rinnt, um das Wasser, das auf den Schleifstein des Schmieds tropft, um die Quelle, die zwischen zwei Felsen entspringt. Ich habe solchen Durst, dass ich fiebere. Mir tut alles weh, meine Augen brennen. Ich schreie: »Halten wir bald an?«

Mein Vater schweigt, und meine Mutter macht sich sein Schweigen zu eigen. Ich treibe mein Kamel an, bis ich auf ihrer Höhe bin.

»Ich möchte trinken!«

Mein Vater würdigt mich keiner Antwort. Meine Mutter senkt den Kopf. Er schämt sich, sie schämt sich für mich.

Warum bestrafen sie mich? Warum fehlt es ihnen an Mitleid? *Aman Iman.* Wasser ist Leben. Wozu soll mein Leben gut sein, wenn es so wenig geliebt wird?

Ich halte mein Kamel an und zerre an seinem Gebiss. Es schnaubt und legt die Ohren an. Ich drücke beide Füße in seinen Nacken, damit es sich niederlässt. Solange ich nichts zu trinken bekomme, werde ich streiken. Sollen mein Vater und meine Mutter mich doch im Stich lassen! Dann will ich eben sterben, meine Knochen werden in der Sonne vertrocknen, oder man wird ein Loch graben und große Steine auf meinen Körper legen, wie die auf dem Friedhof, an dem wir vorbeigekommen sind. »Liebe verschenkt sich nur im Leben. Zu einem Grab kann man nichts als Steine und Kies bringen.« Ich beginne zu brüllen: »*Anna,* Mutter, du hast mich angelogen!«

Mein Vater hat angehalten. Er steigt vom Kamel. Wortlos löst er einen Wassersack von seinem Sattel und kommt zu mir: »Trink!«, sagt er und hält mir den Sack aus Ziegenhaut hin.

Nichts weiter, nur dieses eine Wort, schlimmer als eine Beleidigung.

Das Wasser ist frisch.

Ich fühle mich erbärmlich.

Grasbüschel, die wie Frauenhaare aussehen, bedecken die Piste. Sie sind grau wie der grobe Kies, der sich überall zu kleinen Hügeln aufgetürmt hat.

»Wir sind bald da!«, ruft mir meine Mutter zu.

Sie hat ein Stück ihres Übergewandes über ihr Gesicht gezogen. Zweifellos, um ihre Müdigkeit zu verbergen.

Wir umreiten einen Hügel, der von Sandverwehungen, die der Wind aufgehäuft hat, belagert wird. Magere Tamarisken tauchen auf. Sie halten einen Engpass besetzt, durch den wir unsere Tiere treiben. Weitere Tamarisken, robuster als ihre Vorgängerinnen, klammern sich an die Hänge des Tals, das sich vor uns öffnet. Die ersten Akazien erscheinen, leidend und kraftlos. Eine Dumpalme schwenkt ihren Besen aus matten Palmwedeln gen Himmel. Zu unseren Füßen die Narbe eines rissigen Wadis. Wir reiten zwischen Büschen hindurch, deren Wurzeln die Erosion freigelegt hat. Eine erste Ansammlung von Schilf deutet darauf hin, dass es hier Wasser gibt, ganz sicher nur wenige Meter entfernt.

Da ist es, steht in einem kesselförmigen Erdloch aus Lehm und Sandstein. Ein winziger Teich, den die Sonne noch nicht hat austrocknen können. Etwas abseits befindet sich eine aus Zweigen gebaute Hütte. Ein Mann sitzt davor, den Ellbogen auf seinen Kamelsattel gestützt. Sicher ein allein reisender Nomade, der einen kurzen Halt macht, bevor er wieder zu seinem Stamm irgendwo im Aïr aufbricht.

Wir bleiben stehen und warten, bis er kommt, um uns zu begrüßen. Er ist der Herr dieses Orts.

»Sag ihm auf keinen Fall, wie alt du bist«, warnt mich mein Vater, »und auch nicht, warum wir unterwegs sind. Er könnte die Söldner benachrichtigen, die die Kinder holen und die dich jetzt suchen. Vergiss nie, dass das Reden dein ärgster Feind sein kann.«

Noukh ag Takas, so heißt unser Gastgeber, ist ein Mann mit Sperberaugen. Sofort hat er die vier Wassersäcke und die Hirsesäcke an den Sätteln unserer Kamele entdeckt und erraten, dass wir in die Wüste wollen. Er weiß, dass meine Mutter nicht mitkommt. Auf dem Rücken eines Esels reist man nicht sehr weit. Seinen Gesichtsschleier hat er herabgestreift und kaut andächtig seinen Tabak. Seine weit auseinanderstehenden Zähne sind schwarz. Er gibt Gemeinplätze von sich über das Wetter, über die Qualität der Brunnen, bei denen er haltgemacht hat. Er wettert über die Nachlässigkeit der *Kel Ahaggar,* der Nomaden aus dem Norden, die es zulassen, dass ihre Tiere sich in die Wasserstellen entleeren, er ärgert sich schwarz über den Regen, der die Ernte der *Cramcram*-Körner, die in Notzeiten die Hirse ersetzen, verdorben hat. Und zu guter Letzt vertraut er uns an, dass er seine Frau verstoßen hat.

»Ihr vertrockneter Körper wollte nicht gebären, und ich will Kinder haben.«

Er spuckt einen Strahl Tabaksaft zwischen seine Füße. Er wirft eine Handvoll Sand darüber und nimmt seine Litanei wieder auf: »Die trockene Feige gibt keine Milch. Sie ist in das Lager ihrer Eltern zurückgekehrt. Das Zelt hat sie mitgenommen und dazu noch alle Tiere ihrer Mitgift …«

»Das ist so üblich«, erinnert ihn meine Mutter.

»Es stimmt«, murmelt er, »das Gesetz ist für die Frauen gemacht.«

Schicksalsgläubig fügt er mit einer zum Himmel grüßenden Handbewegung hinzu: »Bei Allah, ich bin nicht so arm. Ich habe ja noch mein Kamel … und natürlich die Sterne.«

Er wendet sich an mich und lächelt mich mit all seinen schlechten Zähnen an.

»Wie heißt du?«, fragt er.

»Mano!«

»Kennst du die Geschichte der Tuareg?«

Mit erhobenem Finger beginnt er, ganz schnell zu reden: »Wir haben keine Geschichte … Die Tuareg haben keine Geschichte, weil sie sie in den Sand geschrieben haben und der Wind sie mitgenommen hat. Die Franzosen sind es, die uns in ihren Büchern und großen Abhandlungen eine geschaffen haben. Für sie sind wir Plünderer, Wilde, Tiere. Sie nennen uns »die blauen Menschen«, als gehörten wir zu einem anderen Planeten. Sie glauben, dass sich das Blut in unseren Adern von dem ihren unterscheidet. Seit Jahrhunderten und Jahrhunderten schikanieren sie uns und versuchen, uns aus dem Weg zu schaffen. Und als wäre dies nicht genug, haben sie das Gebiet der Tuareg unter den Ländern und Völkern um uns herum aufgeteilt und uns damit zu Gefangenen gemacht! Ich weiß das von meinem Vater, der es wiederum von seinem Vater erfahren hat, und du, du sollst es an deine Kinder und Kindeskinder weitergeben.«

Von seiner Erregung überwältigt, erhebt er sich und geht auf und ab. Meine Mutter versucht, ihn zu beruhigen.

»Wozu den Wind an den Hörnern packen wollen? Vergangen ist vergangen!«

Mein Vater wirft ihr einen kurzen Blick zu, der besagt: »Lass den Mann reden!«

Und Noukh ag Takas fährt fort: »Eines Tages, vor langer Zeit, kam ein Franzose, Oberstleutnant Flatters, um die Wüste für eine Piste aus Metall zu erforschen, die von Norden nach Süden mitten hindurchführen sollte …«

Ich unterbreche ihn stolz: »Willst du von dieser eisernen Straße erzählen, auf der Karawanen aus Holz und Stahl rollen?«

»Woher weißt du das?«, fragt er mich verdutzt.

»Der Freund eines Freundes meines Onkels Kaloua hat es mir erzählt. Er kennt die Welt wie seine eigene Hand.«

Ich schweige.

Noukh ag Takas reibt sich den Bart. »Hm, was weiß schon der Freund deines Vetters. Du musst wissen, dass dieser Flatters, von dem ich spreche, die Eisenstraße nie hat bauen können. Nicht beim ersten Anlauf und auch nicht beim zweiten. Ahitagel, Oberhaupt der Hoggar-Tuareg, hat ihn ermorden lassen, ihn und seine *Chaamba*-Führer, unsere schlimmsten Feinde. Niemand hat es geschafft, uns in die Knie zu zwingen. Weder Flatters noch die Franzosen, die nach ihm kamen …«

Mein Vater unterbricht ihn.

»Spare dir deine Worte, Noukh ag Takas. Mein Sohn wird unsere Geschichte lernen, wenn er in dem Alter ist, in dem er weiß, dass wir die Kinder des Sandes und der Weite sind.«

»Du wirst ihn die Wüste lehren?«, fragt Noukh ag Takas.

Mein Vater reicht ihm die Hand und antwortet trocken: »Die Wüste kann man nicht lehren, guter Mann. Man muss sie leben … Man muss sie leben, und sie tötet alle, die keine Achtung vor ihr haben. Gottes Segen sei mit dir!«

4

So weit ich mich zurückerinnern konnte, hatte ich meinen Vater nie dermaßen ärgerlich gesehen. Er, der immer höflich war, hatte Noukh ag Takas brutal das Wort abgeschnitten.

Sobald wir uns etwas entfernt hatten, fragte ich ihn: »Was hat dieser Mann getan, dass er deinen Zorn verdient?«

»Es fehlt ihm an Achtung, die man sich und anderen schuldet. Vor deiner Mutter hat er es sich erlaubt, sein Gesicht unbedeckt zu zeigen, er verleumdet seine Frau, er lästert über alles, und er erteilt Lektionen. Jemand, der Lektionen erteilt, will die Dinge noch einmal machen. Aber sie lassen sich nicht noch einmal machen. Was ich ihm vor allem vorwerfe, ist, dass er seine Frau beschuldigt, denn niemand hat das Recht, einen Menschen zu verurteilen.«

Er ergriff meinen Arm und führte mich zu meiner

Mutter, die still neben ihrem Esel auf uns wartete. Es war ihre bescheidene Art zu sagen: »Jetzt müssen wir uns trennen.«

Ernst ging mein Vater zu ihr und legte eine Hand auf ihre Schulter. Mit der anderen streichelte er meine Hand. Indem er uns beide berührte, versuchte er, seine Traurigkeit zu verbergen: dass er sich von der Frau, die er liebte, trennen musste.

Niemals habe ich gesehen, dass mein Vater und meine Mutter sich umarmten. Die Liebe, die wahre Liebe, muss ein Geheimnis bleiben.

Meine Mutter beugte sich zu mir herab und sagte: »Mano, wenn du fern von mir bist, wird sich mein Herz besonders stark nach dir sehnen.«

Ohne ein weiteres Wort trieb sie ihren Esel voran und entfernte sich unter der sinkenden Sonne. Tränen rannen ihr über die Wangen.

Mein Vater wartete, bis sie verschwunden war, dann drehte er sich zu mir herum und sagte mit fester Stimme: »Mein Sohn, heute werden wir am Fuß der Dünen von Arakao übernachten.«

Von dem rhythmischen Schritt meines Kamels gewiegt, nicke ich ein. Ich träume vom Prinzen Souqi, von dessen Unglück mir meine Mutter so oft erzählt hat. Ich sehe ihn barfuß rennen und dabei einen Felsbrocken vor sich herrollen. Wehe ihm, wenn er langsamer wird, denn die Peitsche des Dschinn, die über seinem Kopf schwingt, wird ihm den Rücken zerfetzen. Er läuft, gleitet aus, kommt wieder auf die Beine, rennt weiter. Seine Zunge schwillt an. Er darf nicht schreien, darf nicht um Wasser bitten. Vor ihm Dünen und noch mehr Dünen, die er eine nach der anderen erklettert. Er fällt. Der Peitschenriemen zerschneidet ihm den Rücken. Es gelingt ihm, sich wieder aufzurichten. Sein Felsblock wird immer schwerer. Die einzige Möglichkeit, seine Müdigkeit zu vergessen: Er muss sich vorstellen, eine Gazelle zu sein … Und er verwandelt sich in eine Gazelle. Vor seinen Augen breitet sich in leuchtenden Farben eine Oase aus. Palmen, smaragdgrüne Apfelsinen- und Zitronenbäume beugen sich zu ihm herab und bieten ihm ihre Früchte an.

Ich wache auf. Nicht die Spur einer Oase vor mir, nur Steine, die, vom Wind zerfressen, immer kleiner werden. Ich treibe mein Kamel an, um an die Seite meines Vaters zu kommen. Die Hände als Schalltrichter vor dem Mund, schreie ich ihm zu: »*Abba,* kennst du die Geschichte von Souqi?«

Er zieht seinen *tugulmust* herab und schneidet eine Grimasse.

»Warum schreist du so?«, fragt er spöttisch. »Willst du die Schakale wecken?«

Dann richtet er sich in seinem Sattel auf und lacht laut.

»Die Geschichte von Souqi? Natürlich kenne ich die. Erinnere dich, ich war dabei, als deine Mutter sie erzählte. Nur sie kann Dornen in Blüten verwandeln. Willst du wissen, was sich hinter dieser Geschichte verbirgt?«

»Gern, wenn du es mir erzählen willst. Wie heißt der Dschinn? Wer ist Souqi?«

»Ich muss dich enttäuschen, Souqi hat es nie gegeben. Souqi ist der Karawanenreisende, der an langen Tagen und in langen Nächten seine Kamele durch die Wüste führt.«

»Dann war er also gar kein Prinz?«

»Alle Karawanenreisenden sind Prinzen.«

»Und der Felsbrocken?«

»Der Felsbrocken steht für die Kamele. Langsam, plump und schwer beladen. Die Peitsche des Dschinn verkörpert die Sonne; sie tötet, wenn die Karawane nicht weiterkommt. Und die Oase, das hast du wohl erraten, ist das Ziel, zu dem man gelangen will … «

»Die Kamele, die Sonne, die Oase, gut, das verstehe ich, aber warum die Gazelle?«

»Die Gazelle ist deine Seele, mein Sohn. Je leichter sie ist, desto weniger kommst du in Bedrängnis.«

Wir reiten zwischen Felsblöcken hindurch, die von der Erosion zerklüftet sind. Wie Orgelpfeifen ragen sie in den Himmel. Ich lasse mich von meinem schaukelnden Sattel wiegen. Ich bin leer. Ich bin zufrieden. Ich bin nichts.

Am Horizont steigt eine weiße Säule senkrecht in die Lüfte und windet sich in den Himmel hinauf. Sie macht nicht das geringste Geräusch, hält einen Augenblick inne, und dann stürzt sie auf uns zu.

»Hab keine Angst«, beruhigt mich mein Vater. »Das ist ein kleiner Zyklon. Er bringt dir Unglück, wenn du seinen Weg kreuzt. Wir wollen unsere Kamele niederknien lassen und uns hinter ihnen in Sicherheit bringen.«

Die Windsäule wirbelt einen kleinen Sandhügel auf. Der dreht sich um sich selbst und fliegt dann mit einem Geräusch ähnlich dem Flügelschlag eines Vogels davon. Eine Rolle aus Strauchwerk wird in die Luft geschleudert, und nur einige Schritte von uns entfernt wühlt sich unter der Gewalt des Wirbelsturms ein gespenstischer Graben in den Sand. Dann Stille. Die Windsäule hat sich aufgelöst, ist zu einer Garbe aus durchsichtigem Schaum geworden.

Mein Vater richtet sich auf einem Ellbogen auf und sagt:

»Jetzt, wo du Bekanntschaft mit *Tiglawen' Alchinan* gemacht hast, darfst du in sein Hoheitsgebiet eintreten.«

Teferanforte oder *Tiglawen' Alchinan* oder die Karawane der Dschinns: Es ist eine einfache Windbö, die mit ihrer weißen Feder den verirrten Kamelhirten den Weg nach Westen an den Himmel zeichnet.

Von meiner Mutter behütet, hatte ich die Welt mit den Worten eingeatmet, die sie sang oder in den Sand malte. Natürlich kannte ich unser Wanderleben, zu dem uns die Suche nach neuen Weidegründen zwang, doch erschien mir das immer wie eine Familienreise, zu der Tiere und Menschen gemeinsam aufbrachen.

Jetzt aber war ich in eine Welt eingetaucht, die immerfort in Bewegung ist, eine sich ständig wandelnde Szenerie, in der der Mensch keine andere Rolle spielen kann als seine eigene.

Ich sitze nah am Feuer, das mein Vater mich anzufachen gebeten hat, und betrachte den Himmel. Er ist von Sternen übersät. Sie blinken wie die Feuer eines fantastischen Lagers, in dem Milliarden von Nomaden versammelt sind.

Mein Vater hüllt meine Schultern in eine Decke und sagt, während er mit einem Finger auf die Sterne deutet: »Die Sternengruppe, die du hier siehst, heißt *Amanar* oder der Führer[1]. Der helle Stern in der Mitte ist sein Kopf, die drei anderen darüber sind sein Turban. Die, die schräg davon abgehen, sind sein Säbel. Links siehst du seinen Arm, und die beiden Sterne, die ganz unten leuchten, das sind seine Füße.«

Mit zusammengekniffenen Augen bemühe ich mich, den Turban, den Säbel, die Füße, den Arm zu entdecken.

Bei dieser Suche zieht sich der Himmel zu einem kleinen Flecken zusammen.

»Präge dir den Führer fest in dein Gedächtnis ein«, sagt mein Vater leise zu mir. »Er wird dich leiten, wenn du mit den großen Karawanen von Osten nach Westen ziehst. In mondlosen Nächten folgt der Führer der Bahn des Mondes.«

»*Abba,* warum verschwinden die Sterne, sobald der Mond am Himmel erscheint?«

»Er will sich vielleicht an die Stelle der Sonne setzen, will die Sonne entschuldigen für alles Leiden, das sie verursacht, wenn sie die Brunnen austrocknet und die Herden tötet. Der Mond ist gut, gut wie die Frauen. Hast du den winzigen Stern gesehen, der an der Seite des Mondes glänzt, wenn er im ersten Viertel steht?«

»Ja, *abba,* den habe ich gesehen.«

»Der Mond hat sich von Gott ein Maiskorn geliehen. An dem Tag, an dem er es ihm zurückgibt, verliert das Himmelszelt eine seiner Stützen und stürzt ein.«

Nach kurzem Schweigen fügt er hinzu: »An dem Tag wird sich die Kamelstute ihrem Fohlen[2] nähern, und das wird das Ende der Welt sein.«

Eine Sternschnuppe durchkreuzt den Horizont mit einem Geräusch, als ob ein Fingernagel über Seidenstoff fährt; eine zweite, eine dritte und eine vierte Sternschnuppe, diese kleiner als die ersten drei, begleiten sie in ihrem Fall.

»Woher kommen sie?«, frage ich meinen Vater.

»Aus den Speichern des Himmels, in denen sie aufgehäuft sind. Man sagt, dass sie den Tod eines berühmten Oberhaupts der Erde vorhersagen …«

»Und der Blitz?«

»Der Blitz kündet von dem Zorn der Oberhäupter, die

in grauer Vorzeit lebten. Dort, wo er einschlägt, fällt einem oft eine Axt aus der Steinzeit in die Hände, aus der Zeit, in der die Menschen aufhörten, sich von ihrer Jagdbeute zu ernähren, zu Nomaden wurden und von ihren Herden lebten.

Die Plejaden, die wir *shat ahad* oder die Sieben Töchter der Nacht nennen, durchwandern den Himmel in seiner Mitte. Die Milchstraße, nach Süden ausgerichtet, zeigt den Zeitpunkt an, zu dem die Karawaniers des Nordens aufbrechen, um die reife Hirse zu holen.«

Meine Lider werden schwer. Schüchtern frage ich meinen Vater: *»Abba,* glaubst du, dass Abzaw ein gutes Kamel wird?«

Er ergreift meine Schultern und umfasst sie kräftig.

»Nenne mich nicht mehr *abba.* Nenne mich Dayak. Du bist jetzt ein Mann!«

Er hat mich in seine Arme genommen, und ich höre ihn leise sagen: »Also, schlaf gut, Mano!«

Ich antworte lächelnd: »Danke, *abba* … entschuldige, danke, Dayak. Schlaf auch du gut.«

Würde ich es schaffen, ihm ebenbürtig zu werden?

Diese Nacht war reich an Bildern und geheimnisvollen Stimmen, die das Gebirgsmassiv des Aïr erfüllen, dessen schneckenförmige Felsen den kleinsten Lufthauch als Echo zurückwerfen; die Stimmen der Dschinns, die mich vor meiner Ungeduld warnten, mit der ich alles aus dem Munde meines Vaters lernen wollte, die Stimmen der Steine, die zwischen dem Hammer und dem Amboss der Kälte barsten, die Stimme meiner Mutter, die im Traum zu mir sagte: »Mano, gib acht auf dich! … Mano, pass auf dich auf!«

Als ich erwachte, kam mein Vater zu mir und gab mir einen Schleier aus weißem Leinen.

»Lege ihn vor dein Gesicht, und bedecke gut deinen Nacken damit. In einigen Stunden wird die Sonne wie ein glühendes Holzstück sein.«

Wir gehen zu Fuß weiter, führen unsere Kamele am Zügel. Die Felsen schillern in vielfältigen Farben, und ihre flach fallenden Schatten zeichnen Bilder in den Sand, die sich immerfort verändern. Die aufgehende Sonne verwandelt die scharfen Bergspitzen des Aïr in Zähne aus Gold. Wir verlassen nun das Massiv und betreten eine unermessliche Ebene aus Sand, der bernsteinfarben ist wie das Innere einer Dattelhaut. Erstarrte, violette Lava bildet an den letzten Felshängen einen Fluss aus Amethyst. Der Horizont ist eine glatte Linie. Bald kupfern, bald malvenfarben schimmert der Himmel.

Wir betreten den größten aller verbotenen Gärten.

Keine Bäume, keine Sträucher mehr, und dennoch überrascht mich ein Geruch nach Minze. Ich schaue mich um. Nichts, nicht der Schatten einer Pflanze … und noch immer dieser berauschende Duft. Mit den Augen suche ich jeden Fußbreit Boden ab. Überall nur Sand und einige weiße Steine. Ich schließe die Augen und lasse mich allein von meinem Geruchssinn leiten. Ein Schritt, zwei Schritte, zehn Schritte. Der Duft wird immer stärker. Voller Ungeduld durchwühlen meine Hände den Boden und stoßen auf eine glanzlose Blume, eine Art Knospe, nicht viel größer als ein Fingernagel. Sie verströmt den wunderbaren Geruch. In der hohlen Hand trage ich sie zu meinem Vater.

»*Abba,* wie kann diese Pflanze einen solchen Duft verbreiten? Schau, sie hat nicht einmal Wurzeln.«

»Die Sahara überhöht Verdienste und verschlimmert Fehler. Zu ihr reisen nur Menschen, die das Licht suchen. Diese Blume hatte an diesem Ort ihre volle Entfaltung erlangt, und du, du hast sie getötet. Bereue, dass du sie vom Boden aufgenommen hast, mein Sohn. Du hast der Wüste einen Duft gestohlen.«

Die Lehren, die mir mein Vater erteilte, waren kurz und präzise. Jedes seiner Worte war von Gewicht, und wenn er nichts sagte, war sein Schweigen beredt. Mit seiner Hand zeichnete er Schlangenlinien in die Luft, wies mich dadurch auf einen Abdruck im Sand hin, und ich erkannte, dass es sich um die Spur der Hornviper handelte. Mit einer anderen Geste warnte er mich vor den Dünen aus pulverfeinem Sand, in denen die Kamele bis zu den Fesselgelenken einsinken. Wenn seine Augen sich durch den Schlitz seines *tugulmust* fest auf meine hefteten, wusste ich, dass er mich fragte: »Hast du dir auch genau die Piste gemerkt, der wir gefolgt sind?« oder: »Hast du die Seile überprüft, mit denen die Wassersäcke festgebunden sind?«

In dieser grenzenlosen Welt erschien mir alles ein Wunder: Ein Klumpen aus Sand wurde zur Blume, ein einzelnes hohes Gras, das wie durch ein Wunder hierher gekommen war, malte mit der Spitze seines von der Sonne niedergedrückten Halmes einen perfekten Kreis in den Sand, in dem sich die Hufabdrücke der Gazellen deutlich eingeprägt hatten. Ich stellte mir den Lauf der Gazellen vor, ihre grazilen Sprünge, mit denen sie ihre Muskeln entspannen, ihre schnellen Zungen, die den Morgentau lecken, ihre Schwänze, die in dauernder Bewegung sind … Unter meinen Fingern verwandelte sich eine Handvoll Sand in einen Sternenregen, in den Führer mit seinem Säbel, seinem Turban und seinem *saroual,* in die Milchstraße, in die sieben Töchter der Nacht. Ich lauschte auf die Stille. Sie war so mächtig, dass sie mich zwang, meinen Atem anzuhalten. Jeden einzelnen meiner Gedanken nahm ich auseinander. Wozu war ich gemacht? Ich betrachtete meine Hände und versuchte, mir vorzustellen, was sie ergreifen, was sie geben konnten. Ich erfand Geschichten, ließ Paläste in den Dünen entstehen.

Die Sonne heftet unsere Schatten auf den Sand, und ihr Hitzeschild überzieht gnadenlos den Himmel. Unsere Kamele sind in eine langsame Gangart verfallen, um ihre Kräfte zu schonen. Mit halbgeöffnetem Mund hole ich durch meinen dichten Schleier Luft. Ich muss mich an diese Hitze gewöhnen, die meinen Mund austrocknet und meine Haut zerstört. Ich muss um jeden Preis die Wassersäcke am Sattel meines Kamels, meine entzündeten Augenlider und die wundgescheuerte Haut meiner Oberschenkel vergessen. Ich muss jedwede Leidenschaft aus mir verbannen. Allein von den behaarten Ohren meines Kamels will ich mich leiten lassen. Ich habe Durst und nochmal Durst, immer Durst.

»Der Mann, der aus dem Krug trinkt, wird nie ein guter Führer werden.«

Immer und immer wieder kommt mir das Sprichwort in den Sinn, das ich meiner Mutter so oft wiederholen musste. Es verfolgt mich und macht mich ärgerlich. Wann endlich werden wir an dem Brunnen sein, den wir nach dem Plan meines Vaters gegen Abend erreichen sollen?

Meine Gedanken werden unscharf. Nur die Rillen, die der Wind in den Saum der Dünen gegraben hat, dienen mir als Wegmarken. Sie begegnen sich, kreuzen sich, bewegen sich sanft auf und ab. Wohin führen sie? Nirgendwohin.

Mein Vater wendet sich um und schaut mich an. Sein Blick sagt: »Schlaf ja nicht ein!«

Ich richte mich im Sattel auf. Ich will nicht, dass er meine Müdigkeit bemerkt. Ich bin Mano Dayak.

Plötzlich taucht am Horizont ein See auf. Er ist mit Schaumkronen bedeckt, dehnt sich immer weiter aus. Wellen brechen sich. An seinen Ufern stehen merkwürdige Palmen, deren Stämme in den Himmel ragen, deren Wedel am Boden haften …

»Abba!«, brülle ich.

Ich hämmere mit den Fersen auf den Hals meines Kamels ein, das seinen Kopf hebt und losgaloppiert. Ich will als Erster das zauberhafte Gestade erreichen.

Plötzlich löst sich der See in schmale Streifen auf, zitternd verblassen die Palmen.

»Mano!«, schreit mein Vater.

Er holt mich ein, lässt sein Kamel niederknien, zwingt mich, aus dem Sattel zu steigen. Bis ins Unendliche Sand, Dünen, der metallene Himmel. Keine Bäume mehr, kein Wasserlauf, keine Fluten.

Mein Vater löst einen Wassersack von seinem Sattel und reicht ihn mir. Ich führe ihn zum Mund und befeuchte mir die Lippen. Vergeblich suchen meine Augen den See. Ich weiß, dass ich ihn nie wiedersehen werde. Ich weiß, dass ich geträumt habe.

»Die Tuareg dürfen sich nicht zum Narren halten lassen von Luftspiegelungen«, sagt mein Vater. »In einer Landschaft, der man alles abgewinnen muss, hat die Illusion keinen Platz. Was zählt, ist allein ein klarer Verstand, denn der fordert, dass man sich selbst vergisst und dass man Vorsicht walten lässt. Nimm noch einen Schluck Wasser, und lass uns dann wieder aufsitzen. Wir haben noch einen weiten Weg.«

Unter dem Atem des Windes nahmen die Dünen seltsame Formen an. Sie bekamen Leben wie oft die Wolken in der Regensaison. Die eine sah aus wie eine Hundeschnauze, eine andere machte einen runden Rücken, und die hier war gebeugt wie eine alte Hyäne. Berauscht von dieser Bilderwelt wandte ich mich um und um, war voller Erstaunen über all diese Eindrücke, die mir die Sahara in unendlicher Vielzahl schenkte. Amüsiert beobachtete mich mein Vater auf seinem Kamel.

»Vor mehr als einhundertundfünfzig Jahren«, sagte er lächelnd, »waren die Tuareg die einzigen Herren dieses ganzen Reichtums. Nur sehr wenige Europäer wagten sich bis zum Rand der Wüste vor. Sie hatten Kontakt zu den arabischen Karawaniers, für die die Durchquerung der Wüste etwas Übliches war und die aus dem Süden Waren, vor allem aber Erzählungen mitbrachten, in denen sie den großen Reichtum der Gegenden, die sie durchzogen hatten, priesen. Sie sagten, dass man dort Gold, Elfenbein und Straußenfedern fände … Die Europäer waren begeistert. Bis dahin war die Sahara auf ihren Landkarten nur ein weißer Fleck gewesen, doch jetzt entdeckten sie, dass sie ein wunderbarer Landstrich war.«

Mein Vater nahm eine Handvoll Sand und ließ ihn durch die Finger gleiten. Dann fuhr er fort: »Wie hätte die übrige Welt erfahren können, dass hier zivilisierte Menschen leben, da doch die arabischen Händler durch ihre Berichte überall verbreiteten, dass wir Barbaren seien, die dem Tode trotzen und ihn mit Vergnügen austeilen, Ritter des Teufels, die man ausrotten müsse. Bevor die Europäer ihre Krieger anstürmen ließen, schickten sie Abgesandte, die uns erforschen und unser Land ausbeuten sollten. Der erste hieß Hornemann … Nachdem er Arabisch gelernt hatte, durchquerte dieser Deutsche die Wüste, als Kaufmann verkleidet. Er war ein aufmerksamer und wissbegieriger Mann, der den Menschen der Wüste nichts Böses wollte. Im Gegenteil, er war vom Leben der Nomadenstämme, denen er während seiner Mission begegnete, begeistert. Mit ihrer Hilfe konnte er bis zu den Ufern des Niger vordringen. Zwei Jahre später kam er dort an. Doch er starb, vom Fieber verzehrt.«[3]

Ich schaute meinen Vater an.

»Kein Europäer hat Hornemann geglaubt, was er über uns berichtete?«

»Der Mensch, mein Sohn, ist taub, wenn sein Ohr niederträchtig ist … Die Europäer wollten lieber den Abgesandten glauben, die nach Hornemann kamen. Unter ihnen waren zwei Männer mit komischen Helmen und lächerlichen, kurzen Hosen, die gerade bis unter das Knie reichten.«

»Marabuts vielleicht?«

»Nein, es waren Engländer. Der eine hieß Clapperton. Zahlreiche Araber aus Libyen begleiteten ihn. Später kam ein anderer Soldat, Laing, den die Araber Er Raïs nannten, weil er sich als Hauptmann ausgab.«

»Woher weißt du das alles, Vater?«

»Die Geschehnisse, von denen ich dir erzähle, wurden mir von meinem Vater erzählt. Mein Vater wiederum hat sie von seinem Vater erfahren. Wahrheitsgetreuer als durch Bücher, denn die Schrift lügt, werden sie in der Wüste von

Mund zu Mund weitergegeben bis ans Ende aller Zeiten. Diese Europäer haben ihren Regierungen erzählt, dass wir, die Tuareg, sie angegriffen hätten.«

»Und das stimmte nicht?«

»Es stimmt, dass nach den Grausamkeiten, die die französischen Kolonialherren in den Ländern rund um die Sahara verübt hatten, die Tuareg sehr wohl wussten, was die Europäer wollten: Sie wollten ganz Afrika unterwerfen.«

Ich versuchte zu verstehen, aber ich war noch zu klein, um diese Geschichte vollkommen zu erfassen. Allerdings hatte ich mir den Namen Heinrich Barth merken können. Das war ein Deutscher, der den Aïr zu der Zeit kennengelernt hatte, als Giraffen und Strauße hier noch in Herden lebten, als es von Gazellen wimmelte und von Addax-Antilopen mit ihren langen, spiralförmigen Hörnern, als die Wadis noch bewaldet und grün waren.

»Damals«,[4] sagte mein Vater, »damals achtete Gott die Erde, und die Sahara achtete den Nomaden und überließ ihm ein Stück guten Bodens. Den Adrar, Tibesti und Aïr beherrschten die Geparde, von denen es heute nur noch einige Dutzend gibt. Auch Löwen traf man an …«

»Löwen?«

Meine Mutter hatte mir von diesen Löwen ohne Mähne erzählt, die, so sagte sie, jeden Abend um die Nomadenlager streunten. Um sie in die Flucht zu schlagen, zündeten die jungen Mädchen und die Frauen Feuer an und schüttelten Kalebassen mit kleinen Steinen. Es kam dennoch vor, dass sie das Vieh angriffen, die Hirten … und die ungezogenen Kinder. Sie hatte aus diesen Löwen ein Arsenal von Schreckgespenstern gemacht, die sie zu neuem Leben erweckte, damit ich gehorchte. Natürlich glaubte ich ihr nicht.

»Gab es die wirklich?«, fragte ich meinen Vater.

»Natürlich. Die letzten wurden vor kaum zehn Jahren im Westen des Aïr, im Azawagh, gesichtet. Auch sie wurden Opfer der Wüste, die sich jeden Tag weiter ausdehnt. Bald werden nicht einmal mehr die Menschen hier leben können.«

»Wegen der Wüste?«

»Nein, wegen der Menschen, die uns nicht mögen.«

Er schwieg, aber ich wusste, dass er an die Europäer dachte, denen wir entkommen wollten, indem wir die Schule der Natur besuchten.

Wir führten unsere Kamele am Zügel und wanderten in einem aschfarbenen Licht, das die Flanken der Dünen glättete. Die Welt bewegte sich mit jedem unserer Schritte. Zum ersten Mal erschien mir das Universum zerbrechlich.

Ich begriff, dass ich meine Gefühle nicht festhalten durfte, sondern jedes einzelne in seiner Veränderlichkeit erfassen musste. Ich war nicht ein Mano Dayak, ich war viele, ganz unterschiedliche Mano Dayak. Ich war das Spielzeug der Wüste. Allen ihren Veränderungen hatte ich mich anzupassen.

»*Abba,* erzähle mir mehr von der Geschichte meines Landes. Ich muss noch mehr wissen. Stimmt es, dass wir die Herren der Wüste waren?«

»Es stimmt«, antwortete er. »Es stimmt, dass die Tuareg immer ein wildes Volk waren. Es stimmt, dass die Tuareg-Krieger die Karawanen ausraubten, eine Steuer auf den Sklavenhandel erhoben, überraschend die Nachbarstämme überfielen, um die Herden zu rauben. Es stimmt, dass wir die Menschen bekämpfen müssen, die versuchen, uns zu unterwerfen.«

»Wie Colonel Flatters, von dem Noukh ag Takas, der Mann, über den du so wütend warst, erzählt hat?«

»Es ist wahr, die Tuareg haben ihn und seine Männer ermordet. Sie wussten, dass die Eisenbahnlinie, die er mitten durch die Sahara legen lassen sollte, die Karawaniers und alle Stämme dieser Region in die größte Armut getrieben hätte. Indem sie ihn ermordeten, haben die Männer des *Amenokal* Ahitagel den Vormarsch der Europäer um zwanzig Jahre hinausgezögert.«

Der Wind schichtete die Dünen zu immer neuen Wellen um, und ich hörte im Rauschen des Sandes meinen Vater murmeln: »Mano, mehr als vor den Europäern musst du dich vor ihren Büchern hüten! Wenn du ein freier Mann bleiben willst, dann schlage sie niemals auf.«

5

Die Lehren, die mir mein Vater gab, passten sich unserer jeweiligen Lage an. Sie verschmolzen mit der Sonne, dem Sand und dem Himmel. Die Wüste verlangte von mir Demut, die Hitze lehrte mich Geduld, die Stille erlaubte mir alle möglichen Meditationen. Die Hand Gottes streichelte meine Wange.

Als wir bei Sonnenuntergang am Brunnen ankamen, staunte ich über die Zerbrechlichkeit dieser in der Wüste verlorenen Wasserstelle. Ein Mäuerchen aus trockenen Steinen, von einer Astgabel überragt.

»Viele Menschen sind zu diesem Brunnen gekommen, um ihren Durst zu stillen«, sagte mein Vater. »Viele Menschen sind gestorben, weil sie ihn nicht mehr erreicht haben.«

Während wir die Wassersäcke aus Ziegenleder und die Lederseile von unseren Sätteln lösten, erzählte mir mein Vater von den toten Körpern der Menschen und der Kamele, die verdurstet waren und erstarrt dalagen nach dem schrecklichsten Todeskampf, den sich der Teufel je ersinnen konnte.

»Es sind vertrocknete Mumien mit verkrampften Gliedern und schmerzverzerrtem Mund. Oft sind es nackte Männer, die sich in ihrem Wahnsinn verliefen. Neben ihnen findet man Kamele mit aufgeschlitzter Kehle, denen die Unglücklichen den letzten Blutstropfen aussogen, ein Getränk, das man mehr fürchten muss als Gift, denn es trocknet den Gaumen aus, verklebt die Sinne und nährt die Halluzinationen.«

An die Astgabel hängt er die Rolle, die an seinem Sattel befestigt war. Seine Handbewegungen sind langsam. Nachdem er ein Lederseil in die Rille der Brunnenrolle gelegt hat, dreht er sich zu mir um und sagt ernsthaft: »Dieser Brunnen ist so tief wie neun Männer. Der Eimer am Ende dieser Leine fasst die Hälfte eines Wassersacks. Jedes Kamel trinkt ungefähr die Menge von sechzig Wassersäcken. Wie oft müssen wir also das Seil hochziehen?«

Ich hocke mich auf den Boden und bemühe mich eifrig, die Aufgabe zu lösen. Mit meinem Finger male ich Striche in den Sand. Ein Strich, zwei Striche, drei Striche … Vierzehn für ein Kamel, zweimal vierzehn für zwei Kamele, neunmal das Seil hochziehen für einen großen Wassersack … Ich verrechne mich, fange von vorne an.

Mein Vater kommt lächelnd zu mir.

»Was soll das Rechnen«, sagt er, »nur der Verrückte zählt die Sandkörner.«

Als der erste Eimer, an dem das Wasser herabläuft,

am Brunnenrand erscheint, taucht mein Vater einen *t'manast,* einen Teller aus Kupfer, hinein und reicht ihn mir feierlich.

»Trink«, sagt er, *»Aman Iman!«*

In dieser Handbewegung liegt eine ganze Liturgie.

Eimer für Eimer tränken wir unsere Kamele. Es scheint, dass auch sie sich in diese Zeremonie einordnen. Sie tauchen ihr Maul in den ausgehöhlten Stein, in den wir das Wasser gießen, und trinken still mit großen Zügen.

Der Himmel färbt sich blassblau. Zahlreiche Kamelspuren sind im Sand eingedrückt. Mein Vater überfliegt sie mit seinen Augen und sagt: »Kalakoua ist hier vorbeigekommen, vor nicht einmal zwei Tagen. Kalakoua, aber auch Intalak. Intalak und agg Amghar ...«

»Wie kannst du«, frage ich, »wie könnt ihr alle so genau sagen, dass sie hier vorbeigekommen sind?«

»Unter Tausend Abdrücken würde ich die ihrer Kamele wiedererkennen.« Er beugt sich hinab und zeigt mir einen Fußabdruck am Boden.

»Schau dir diese unterbrochene Linie an, die von rechts nach links führt ... und dann die Vertiefung hier, die vorne größer ist als hinten. Das ist der Fuß von agg Amghars Mehari.«

Er nimmt meine Hand und führt mich zu unseren Kamelen, die im Sand ruhen. Nachdem er mein Kamel gezwungen hat aufzustehen, ergreift er dessen Fuß und legt ihn auf seinen angewinkelten Oberschenkel.

»Schau«, erklärt er, »die Furche hier beginnt in der Gabelung an der Ferse ... Sieh dir die raue Stelle in der Mitte an. Präge dir diese beiden Merkmale genau ein, und versuche dann, den Abdruck um den Brunnen herum wiederzufinden.«

Furche … raue Stelle. Abdruck nach Abdruck suche ich nach der Spur meines Kamels, und ich finde sie schließlich unter den Hunderten heraus. Stolz über meine Entdeckung schreie ich: »Da ist sie … und da ist sie … da wieder!«

»Sehr gut«, sagt mein Vater lächelnd. »Bald wirst du eine Karawane führen können.«

Er erklärt mir, dass die Karawaniers, zu denen er gehörte, mehr als Tausend Spuren voneinander unterscheiden konnten.

»Wenn ein Tier sich verirrt hat, dann ist die Spurensuche für seinen Besitzer oft die einzige Möglichkeit, es wiederzufinden. Früher stöberten die *Imajeghen* so auch die Räuber auf, die es gewagt hatten, auf ihren Beutezügen die Lasttiere der Karawanen zu stehlen.«

Plötzlich sagt er: »Rühr dich nicht von der Stelle! Schau nach rechts!«

Mit angehaltenem Atem wende ich den Kopf ein wenig und entdecke hinter einem kleinen Hügel die Ohren eines Wüstenfuchses. Zwei goldene Fähnchen, denen sogleich eine spitze Schnauze folgt, dann ein buschiger Schwanz. Mit geschmeidigen Schritten kommt der Fuchs aus seinem Versteck. Ohne uns aus den Augen zu lassen, wagt er sich bis zum Brunnen vor und schleckt die Wassertropfen am Brunnenrand auf. Nicht ein Grashalm, nicht das geringste Fleckchen Moos. Wovon mag er sich ernähren?

Gemächlich kommt er zu uns, stellt sich auf seine Hinterpfoten und verharrt unbeweglich in dieser Haltung. Was machen wir hier? Was für Kreaturen mögen wir sein? Dann aber fängt er an zu fauchen, dreht sich mit einem Satz um und nimmt Reißaus. Alsbald hat ihn die Wüste verschluckt.

Ich finde diese Flucht unberechtigt.

»Warum ist er weggelaufen? Wir hätten ihm vielleicht ein paar Hirsekörner geben können, hätten versuchen können, ihn zu zähmen, hätten ihn mit nach Hause nehmen können …«

Mit erhobener Hand antwortet mir mein Vater: »Nackt ist er in dein Leben getreten, nackt ist er wieder fortgegangen. Das ist das größte Geschenk, das dir dieses Tier machen konnte. Das größte Geschenk, das du eines Tages Allah machen wirst.«

Ich erinnere mich auch an einen Schmetterling, der sich in unserer Nähe auf den Sand setzte. Die Fächer seiner roten und blauen Flügel öffneten und schlossen sich, als ob sie atmeten.

»Woher kommt er?«, fragte ich meinen Vater.

»Klammere dich nicht an das, was war, und nicht an das, was vielleicht sein wird. Solche Fragen hindern dich daran, den gegenwärtigen Augenblick zu leben, hindern dich, in diesem Insekt eine Botschaft des Himmels zu sehen.«

Seit mehr als einer Woche ziehen wir von Brunnen zu Brunnen. Mein Vater hat es mir überlassen, den Weg zu finden. In der Abenddämmerung leiten mich die Töchter der Nacht. Wenn sie das Firmament erreicht haben, löst Orion sie ab. Wenn Orion verschwunden ist, ist die Stunde des Absitzens gekommen, der Zubereitung der Mahlzeit, des Essens, des Zusammenseins am Lagerfeuer. Auf unserem Rückweg wird mich zuerst Venus führen, die danach von *Izalan* abgelöst wird, einem kleinen Stern, der um Mitternacht untergeht. Die beiden werden mich nach Westen führen, zu meiner Mutter …

Wir liegen unter den Sternen und betrachten den Himmel. Mein Vater erfüllt mich mit Geschichten: von der Gazelle Ialla, deren Smaragdhörner von sieben Silberkreisen umgeben sind, von der Hündin Zina, die den Mond anbellt, von Tâtrit-tan-toûfat, die in der Hocke ihre Knie mit den Armen umschlingt, von der Maus Far, die das Mehari führt, von den bösen Geistern, die die Kinder stehlen.

»Die Dschinns lieben das Wasser, sie brauchen es wie wir, sie haben Durst wie wir. Sie kommen nach jeder Geburt, immer. Wenn dann ein Kind schläft, entdecken sie den kleinen, weichen, dunklen Körper in seiner Decke. Sie halten ihn für einen Wassersack, den man neben eine kranke Mutter gelegt hat, um ihr Fieber zu senken, und sie nehmen es mit. Wenn aber die Mutter mit Khôl einen schwarzen Strich auf die Stirn ihres Kindes malt, glauben sie, es sei ein geplatzter Wassersack, und dann wollen sie ihn nicht …«

Schüchtern frage ich: »Hat meine Mutter auf meine Stirn auch einen Strich gemacht?«

»Ganz bestimmt«, antwortet er. »Die Frauen wissen immer, was man tun muss, um das Übel abzuwenden. Die Frauen wissen alles.«

Nur diese Worte, und ich weiß, dass seine Gedanken in diesem Augenblick durch die Wüste zu unserem Wadi fliegen, wo meine Mutter auf uns wartet. Wohin er auch gehen mag, ein Tuareg trennt sich niemals von seinem Schwert … und nicht von dem Bild der Frau, die er liebt.

Im Lauf der Tage und der Wochen entriss ich der Wüste ein Geheimnis nach dem anderen. Einen ganzen Tag lang konnte ich vor einer Düne sitzen, und immer bot sich mir ein neues Schauspiel. Die Düne bewegte sich mit den Stunden und schmückte sich nach und nach mit den unterschiedlichsten Farben. Vor diesem Ineinander von Sand und Wind bekam das Leben eine ganz andere Dimension.

Mein Körper existierte nicht mehr. Er schloss Frieden mit meiner Seele. Ich erlebte etwas Heiliges.

In jedem Augenblick vollzog es sich. Es war der Schmetterling, der Wüstenfuchs, das Gras, das einen vollkommenen Kreis um sich zeichnet. Es war der Sandsturm, der dem Gewitter vorausgeht.

In solchen Gewitterböen begegneten mein Vater und ich eines Tages dem Unbekannten und der Angst. Wir wurden das Spielzeug von Allahs Zorn. Gebeugt kämpften wir uns voran, suchten Schutz hinter unseren Kamelen und verbargen die Gesichter hinter unseren Schleiern, die uns der Wind fast abriss. Unter den beißenden Sandkörnern brannten unsere Augen vor Fieber. Unsere Lippen wurden rissig, trotz des *tugulmust.* Der Horizont verwandelte sich in einen undurchdringlich festen Block. Es blieb uns schließlich nichts anderes übrig, als die Kamele niederknien zu lassen. Die armen Tiere konnten nur unter großen Schwierigkeiten atmen, denn ihre Nasenlöcher waren mit Sand verstopft. Ihre Augen waren verklebt, und sie suchten vergeblich, sich vom Sand zu befreien, indem sie ihre Mäuler an ihren angewinkelten Hälsen rieben. Wir erleichterten sie, indem wir ihnen die Sättel abnahmen und daraus einen Schutzschirm bauten, hinter dem sie, den Kopf ganz nah am Boden, sich nicht mehr zu rühren wagten. Es gab keinen Himmel mehr. Wir waren in einem sich ständig wandelnden Gefängnis eingesperrt.

Ein Donnerschlag, der endlos widerhallte, ließ den Himmel erbeben. Diesem Grollen antwortete der Wind mit einer heftigen Bö, die die Kamelsättel fortriss. Um die Wut des Himmels vollkommen zu machen, brach ein Hagelschauer los, der die Sandböen in Spiralen niederdrückte. Plötzlich zerriss der Horizont und war wieder frei. Blitze versetzten ihm mit ihren Feuerkrallen blaue Kratzspuren. Die Dünen, blatternarbig durch die Regentropfen, waren jetzt dunkelbraun. Und dann eine plötzliche Stille, schwer, unerträglich, drückend. Dem Boden entwichen unbedeutende Fumarolen, lächerliche Wölkchen aus Wasserdampf.

Mein Vater drückte mich an sich und sagte: »Nichts trocknet so schnell wie Tränen. In der Wüste ist Kummer nicht angebracht.«

Der Himmel hüllt sich in ein malvenfarbenes Tuch. In seiner Mitte leuchtet der Mond. Er hebt die Umrisse des Brunnens hervor, neben dem wir die Nacht verbringen, zeichnet deutlich die Silhouetten der Kamele und verkürzt die Schatten der Männer am Feuer.

Zum ersten Mal seit unserem Betreten der Wüste sind wir menschlichen Wesen begegnet: Kamelhirten, die den Brunnen von Berghot aufsuchen wollen, um dort ihre Wasserschläuche aufzufüllen und trockene Gräser zu sammeln, unverzichtbares Futter während der Durchquerung der Ténéré. Morgen werden sie der Wüste gegenüberstehen, am Baum der Ténéré vorüberkommen und sich dann nach Fachi wenden, wo mehr als Tausend Kamele mit ihren Hirten auf sie warten, bevor alle gemeinsam auf der Piste nach Bilma weiterziehen.

Ihre dreizehn Kamele sind mit Hirse, Zucker und mit verschiedenen Gegenständen beladen, die sie am Ende ihrer langen Reise zu verkaufen hoffen. Auf dieser Last sind noch Heubündel befestigt, Mörser, Töpfe und Holz, mit dem sie ihre Mahlzeiten kochen. Wenn es an Holz fehlen sollte, werden sie mit Kameldung ihr Feuer nähren.

Bei ihnen ist ein Junge meines Alters. Er heißt Kadi.

»Gehst du zum ersten Mal nach Bilma?«, fragt er mich.

Er darf nicht wissen, dass ich auf der Flucht vor den Söldnern bin, die die Kinder mitnehmen und in Gefängnisse sperren, aus denen es kein Entrinnen gibt. Andererseits kann ich ihn auch nicht anlügen. Ich suche nach einer Ausflucht und antworte schließlich: »Vor vier Tagen habe ich eine Blume gefunden, die mit ihrem Duft die ganze Wüste erfüllte. Glaubst du mir?«

»Ich glaube dir«, antwortet er. »Ich glaube dir.«

Er schaut traurig drein, sein Kinn zittert. Gewiss wird er gleich weinen.

»Was ist los, Kadi?«

Er ergreift meine Hand und läuft mit mir hinter den Brunnen, wo die Kamele, an den Füßen gefesselt, ausruhen.

»Ich weiß, dass sie mich foltern werden«, sagt er schluchzend.

Ich habe Mühe, seine Worte zu begreifen. Mit einem Zipfel meiner *gandura* wische ich ihm die Tränen fort, versuche, ihn zu beruhigen. Er macht sich los und beginnt zu schreien: »Sie werden mit mir dasselbe machen wie mit Karsane. Sie werden mich zwingen, vor ihnen zu kriechen, Kamelkot zu essen, einen Sattel auf meinem Rücken zu tragen …«

»Wer ist Karsane?«

»Mein bester Freund. Er ist nie mehr zurückgekommen.«

»Aber wer macht so etwas? Die Kamelhirten, die dich mit nach Bilma nehmen?«

»Ich gehe nicht mit nach Bilma«, stößt er hervor und ballt dabei die Fäuste. »Ich kehre nach Bedeï zurück, zu meinem Wadi. Sie werden da sein, mit ihren Gewehren. Sie werden mich an den Händen festbinden und hinter ihren Kamelen herschleifen.«

Plötzlich verstehe ich. Auch er ist in die Wüste geflohen, um der Schule der Europäer zu entkommen. Er ist Flüchtling wie ich. Mit einem Mal überfällt mich panische Angst.

«Weißt du das ganz sicher? Sie zwingen die Kinder zu kriechen, Kamelkot zu essen?«

»Schlimmer noch!«

»Wirklich mit einem Sattel auf dem Rücken?«

»Schlimmer noch! Sie sperren dich in Höhlen ein und lassen die Dschinns kommen, die dir dann das Herz auffressen.«

Er erzählt mir die Geschichte seiner beiden Freunde Balal und Aftak. Sie hüteten ihre Ziegen, die einer umherziehenden Truppe der Armee in die Quere kamen. Die beiden waren acht und sechs Jahre alt. Um sie zu bestrafen, hatten die Soldaten den älteren der Sonne ausgesetzt und dem kleineren befohlen, sich in den Schatten der Fahne im Hof des Armeecamps zu setzen. Seine Bestrafung bestand darin, dass er ohne Unterlass der Fahne folgen musste, um im Schatten dieses kleinen Stückchens Stoff zu bleiben, das den ganzen Tag im Wind flatterte.

Ich will es nicht glauben. Wenn es wirklich so etwas gäbe, hätte mein Vater es mir erzählt und ebenso mein Bruder. Auch der Reisende, der einige Tage vor meiner Beschneidung in unser Nomadenlager gekommen war, hätte nicht gezögert, von solchen Folterqualen zu sprechen, von denen er bestimmt durch seinen Sohn Abarad erfahren hätte.

Jetzt habe ich wirklich Angst.

»Bist du sicher, dass du dich nicht irrst?«

»Nein, ich irre mich nicht. Außerdem hat Karsanes Vater meinem Vater erzählt, dass die Schule eine Falle ist, in der die Tuaregkinder zu Verrätern gemacht werden, ihre

Mütter und Väter denunzieren sollen. Sie wollen uns alle unterwerfen.«

Wir gehen zurück zu den Männern, die am Lagerfeuer sitzen. Sie trinken ihren Tee und betrachten eingehend den Mond. Seine Krater und seine Meere werden zu Weiden, Hirsefeldern und Palmenwäldern, und der schwarze Punkt dort in der Mitte sieht aus wie ein Baum; der Baum, der dem Menschen der Wüste nicht aus dem Sinn geht.

Mit geschlossenen Augen summt Kadis Vater Yadh: »Allah hat diesem Baum sieben Zweige geschenkt, auf jedem Zweig ruhen sieben Nester, in jedem Nest wohnen sieben Vögel, jeder Vogel hat sieben Schnäbel …«

»Sieben Zweige, sieben Nester, sieben Vögel, sieben Schnäbel«, wiederholen die anderen Kamelhirten.

Seit Monden und Monden stellen die Männer abends am Lagerfeuer dieselbe Rechnung auf. Sieben, mal sieben, mal sieben, mal sieben … Wie viele Elemente sind in diesem Mondbaum vereint? Keiner findet die Lösung. Die Tuareg mögen nicht zählen. Zählen ist sparen, betrügen, werten, beurteilen. Zählen bedeutet, das Falsche aufzuwerten.

»Lasst uns aufhören!«, ruft Kadis Vater Yadh aus. »Die Sieben ist die Zahl der Engel. Man misst sich nicht mit den Engeln. Mit der Sieben herumzuspielen, das ist, als wolle man Ghaïchata heiraten, so wie Ingad.«

»Wer ist denn dieser Ingad, von dem du sprichst?«, fragen ihn die Männer am Feuer.

Es ist die Stunde der Legenden, die geboren werden aus der Stille und der Wüste. Es ist die Stunde, in der der Kleine Prinz dem Piloten Saint-Exupéry erschien.

Yadh schnupft eine Prise Tabak aus seiner hohlen Faust und beginnt zu erzählen: »Ingad war ein junger Kamelhirte, der, unterwegs in seinem Wadi, plötzlich ein sehr schönes Mädchen entdeckte, Ghaïchata.«

Er schließt die Augen. Nach längerer Besinnung fährt er fort: »Ingad wusste nicht, dass Ghaïchata eine Hexe mit sieben Zungen war. Mit diesen Zungen konnte sie gleichzeitig einen Korb flechten, einen Armreif ziselieren, ein Gefäß töpfern, ihre Ziegen melken und anderen Beschäftigungen nachgehen.«

Er hat sich in seinen Hirngespinsten verirrt. Er improvisiert, sucht nach Worten, spielt mit ihnen. Ingad ist in Ghaïchata verliebt, Ghaïchata will ihn wohl heiraten …

»Er konnte es kaum erwarten«, fährt Yadh aufgeregt schnaufend fort, »er konnte es kaum erwarten, seinen Vater um Erlaubnis zu bitten, dieses junge Mädchen, das ihn verzaubert hatte, heiraten zu dürfen.«

Mein Vater streckt den Arm aus und nimmt eine Handvoll Holz, das er ins Feuer wirft. Die hellen Flammen beleuchten die Gesichter der Männer. Alle sind von Yadhs Geschichte gefesselt.

»Ich hoffe, dass sein Vater mit ihm wie ein Vater gesprochen hat«, riskiert Ener, der Karawanenführer, einzuwerfen.

»Natürlich! … Er sagte ihm: ›Pass auf, mein Sohn, deine Ghaïchata ist vielleicht diese Hexe, die in der Wüste lebt. In ihren Adern fließt kein Blut, sondern eine bleiche Flüssigkeit. Bevor du mit dieser jungen Frau das Zelt knüpfst, tust du gut daran, sie mit einer Nadel zu stechen. Wenn Blut aus der Wunde kommt, dann bringe sie her, mein Sohn.‹«

Yadhs Stimme ist ganz sanft geworden. Er hat die Männer um sich vergessen.

Jetzt ist er allein mit Ingad und Ghaïchata, und wir müssen uns um ihn drängen, um seine Worte zu verstehen.

»Also«, flüstert er, »... kaum war er wieder bei seiner Schönen, da nahm Ingad einen mit Dornen bespickten Akazienzweig und ritzte Ghaïchata in den Finger.«

An diesem Punkt seiner Geschichte wendet sich Yadh an meinen Vater und sagt: »Jetzt, Dayak, musst du weitererzählen. Du wirst dir wohl eine Fortsetzung ausdenken können.«

Das sind die Spielregeln. Einer nach dem anderen wird den Staffelstab übernehmen und der Poesie und Fantasie entgegenstürmen.

»Aus der Schramme perlte eine gelbliche Flüssigkeit«, fährt mein Vater sogleich fort. »Ingad fühlte, wie sich sein Herz in Eis verwandelte. Er wollte es nicht wahrhaben, dass ein so schönes Mädchen eine *talchint,* eine Hexe, sei. Als er in sein Lager zurückkam, belog er seinen Vater und erzählte ihm, dass nicht Blut, sondern ein Rubin aus dem Daumen Ghaïchatas gekommen sei. Der Vater war beruhigt und schenkte ihm sieben Kühe, sieben Ziegen, sieben Schafe und sein schönstes Kamel. ›Geh nun zu dem jungen Mädchen, das du liebst‹, sagte er zu ihm, ›und übergib ihm diese wenigen Tiere für sein Heiratsgut!‹«

Jetzt muss ihn Yadh wieder ablösen. Ohne lange zu überlegen, erzählt er: »Sie saßen auf ihrem Kamel und hielten einander umarmt. Ihre Herde folgte ihnen. So zogen Ghaïchata und Ingad in die Wüste, und Ghaïchatas Lieder waren reinste Juwelen. Beim ersten Brunnen, an dem sie haltmachten, schlief Ingad sofort ein. Als er erwachte, waren die sieben Schafe, die ihm sein Vater geschenkt hatte, wie durch Zauberei verschwunden. «Das sind die Schakale», beklagte sich Ghaïchata, «ich bin ganz sicher, dass es Schakale sind.» Noch in derselben Minute brachen sie auf und hielten nicht eher an, als bis sie vor Müdigkeit umfielen ...«

Auf ein Zeichen meines Vaters muss nun Bazo weiterdichten. Er wird rot und stottert ohne große Überzeugung einige Worte: »Als sie am nächsten Morgen erwachten, waren die sieben Ziegen verschwunden. Die sieben Ziegen und auch die sieben Kühe ...«

Yadh hebt seinen Finger zu den Sternen und zeigt damit an, dass er fortfahren will. Immerhin ist es seine Geschichte. Er will nicht, dass ein anderer sie im Sande verlaufen lässt.

»An jenem Abend«, ruft er mit dröhnender Stimme, »band Ingad sein Kamel sehr weit von der Wasserstelle entfernt, in deren Vertiefung Ghaïchata und er sich zur Ruhe legten, an. Kaum war er eingeschlafen, schreckte er auch schon wieder hoch. Stöhnen, dann schreckliches Brüllen kam von da, wo er sein Mehari angebunden hatte. Er rannte, so schnell er konnte, und er überraschte Ghaïchata, wie sie einen Vorderfuß seines Tieres, das sie mit ihren sieben Zungen fest umklammert hielt, verschlang. Noch bevor Ingad Zeit zum Eingreifen fand, hatte sie dem Kamel schon den zweiten Fuß abgerissen und ... dann auch den dritten.«

»Wie ist das möglich?«, fragte mein Vater spöttisch. »Starb das Kamel nicht?«

»Nein!«, unterbricht ihn Yadh wütend. »Nein, Dayak! Wie eine Sprungfeder schnellte das Tier auf seinem einzigen Bein mit Ingad zu einem Baum, der einsam in der Wüste wuchs ... Schnell sprach Ingad ein paar Zauberworte, die er von seiner Mutter gelernt hatte, und der Baum beugte sich herab, damit Ingad und sein Kamel in seine Zweige klettern konnten. Dann aber richtete sich der Baum sofort wieder auf, begann zu wachsen und wurde so hoch, dass Ghaïchata, so oft sie wollte, alle ihre Zungen ausstrecken mochte, sie konnte Ingad nicht erreichen.«

»Ich verstehe«, unterbricht Ener. »Jetzt brauchte Ingad nur darauf zu warten, dass Ghaïchata es leid sei oder dass sie, ohne Wasser und Nahrung, immer schwächer würde und stürbe.«

Kadi und ich sind entsetzt.

»Ist sie tot?«, fragen wir gleichzeitig.

Yadh streckt drohend seinen Finger zum Himmel: »Bei Allah«, braust er auf, »natürlich ist sie tot! Ingad sah, wie sie austrocknete, wie sie sich unter Qualen wand, bis sie ihren letzten Atemzug dem Teufel zurückgab. Dennoch wartete er, bis ihr Körper zu Staub zerfallen war, bevor er sich den Baumstamm hinabgleiten ließ. Als er nur noch einen Meter vom Boden entfernt war, beschloss er loszulassen. Er sprang hinab, und sein Fuß wurde von einer Rippe Ghaïchatas, die aus dem Sand ragte, durchbohrt. Er starb unter den schrecklichsten Qualen …«

»Und was ist die Lehre deiner Geschichte, Yadh?«, fragt mein Vater.

Yadh schaut ihn an und bricht in lautes Lachen aus: »Sie enthält mehrere Lehren, Dayak. Erstens: Die Liebe macht die jungen Leute verrückt. Zweitens: Seinem Vater gegenüber ungehorsam sein und ihn anlügen ist schlecht. Ferner: Die Macht der Frauen ist ungeheuer groß. Und schließlich: Das Mehari ist der beste und treuste Begleiter des Tuareg. Vergesst das nicht, Mano und Kadi!«

Der Mond verschwindet hinter dem Horizont. Der Baum mit den sieben Zweigen ist zu dem Baum Ghaïchatas geworden. Morgen werden Ener und sein Gehilfe Bazi auf der Piste nach Bilma sein und dabei an Ingad denken, den jungen Kamelhirten … und an das Kamel, das auf einem Bein läuft.

Eine schöne Geschichte ist alle Oasen der Wüste wert.

6

Yadh dankt Ener, denn der Karawanenführer ist einverstanden, Yadhs Kamele, robuste Lasttiere aus der Azawagh-Region, zu den Salinen von Bilma mitzunehmen. Mit den beiden eigenen Kamelen haben Ener und Bazo nun dreizehn Transportkamele durch die Wüste zu führen. Ener lebt seit mehr als zwanzig Jahren von dem Handel mit Salzerde. Seine Aufgabe ist es, die Ténéré auf langwierigen Karawanenreisen zu durchqueren und die konisch geformten Salzbrote, die in Bilma hergestellt werden, zu seinem Nomadenlager zurückzubringen. Dieses Salz ist ein kostbares Lebensmittel, das man auf den Märkten des Südens gegen Hirse, Tee und Stoffe tauschen wird. Als Transportbegleiter hat Ener ein Recht auf die Hälfte der Last, die die ihm von Yadh anvertrauten Kamele tragen. Er hat seinen Gewinn schon errechnet. Mit drei Salzbroten wird er einen Sack von Hundert Kilo Hirse oder zwei Ziegen kaufen. Will er ein gutes Kamel erwerben, muss er dafür zehn Sack Hirse oder fünfzehn Salzbrote rechnen. In zwanzig Jahren hat Ener sich zehn Kamele kaufen können. Aber die letzte große Dürre hat sie dezimiert. Er muss von vorn anfangen, wieder bis zum Ende seiner Kräfte kämpfen. Wie lange noch muss er durch die Wüste ziehen? Er weiß, dass er der Willkür des Sandsturms ausgeliefert ist, der die Pisten auslöscht, dass er auf Gedeih und Verderb von dem Brunnen abhängt, den er vielleicht nicht findet. Im letzten Jahr ist ein Freund seines Bruders von dieser Karawane nach Bilma nicht zurückgekehrt. Man fand ihn tot, einen Tagesmarsch von der Wasserstelle entfernt, die er noch zu erreichen versucht hatte.

Ächzend beugen sich die Kamele unter ihrer Last, schon zum Aufbruch bereit. Sie sind eins hinter dem anderen durch Stricke miteinander verbunden. Außer dem Futter und dem Holz tragen sie auf ihren Packsätteln Zuckersäcke, Tee, Tabak, Blöcke ranziger Butter, Gefäße mit Öl. Alle diese Produkte wird Ener gegen Salz und Datteln eintauschen.

Kadi und ich lungern bei den Tieren herum. Gern würden wir mit Ener ziehen, ihm bis Bilma folgen, wo, wie es scheint, die Karawaniers von Hunderten von Tänzerinnen und Tänzern gefeiert werden, die ihnen zur Begrüßung entgegengehen und auf ihren Trommeln schlagen. Gern würden wir bei der Ankunft der riesigen Armeen von Kamelen dabei sein, deren lange Reihen die letzten Ausläufer der Wüste schwarz färben.

»Möchtest du mit uns kommen?«, fragt mich der Karawanenführer.

Mein Vater steht neben ihm und lächelt mir zu: »Ich habe mir gedacht, dass es dir gefallen würde, *tafagak,* den Baum der Ténéré, zu sehen, bevor du zu deiner Mutter zurückkehrst. Ener ist einverstanden, dass wir mit ihm gehen.«

»Und Kadi?«

»Kadi muss mit seinem Vater nach Hause zurückkehren. Bald beginnt die große Wanderschaft zu den verschiedenen Weidegründen, die sogenannte Transhumanz.«

»Die Tiere brauchen die beiden«, sagt Ener. »Die Tiere verfügen über den Menschen.«

Der Himmel flimmert. Ener geht an der Spitze der Karawane. Er hat sein Festgewand mit den roten und grünen Streifen angezogen. Während der ganzen, drei Monate dauernden Reise wird er es anbehalten. Nach seiner

Rückkehr wird er es sorgfältig verwahren und erst wieder zu einer Hochzeit oder einer Taufe anziehen. Hier in der Unendlichkeit des Sandes verlangt sein hoher Rang diese vornehme Kleidung.

Die Reihe der Kamele bewegt sich sanft, mit regelmäßigen und sparsamen Bewegungen. Diese lebende Kette darf nicht unterbrochen werden, denn dann würden sich die Tiere in den Tauen verheddern, würden sich gegenseitig stoßen, um das Futter, das ihr Nachbar trägt, zu fressen, und könnten dabei ihre Last verlieren.

Seit dem Morgen folgt uns eine Addax-Antilope auf dem Fuß. Ihr Haarkleid ist weiß mit braunen Flecken. Auf ihrer Stirn trennt ein breiter, schwarzer Strich ihre langen, spiralförmig gedrehten Hörner. Man könnte meinen, sie sei zahm.

»Dieses Tier ist verachtenswert«, bemerkt mein Vater. »Normalerweise wagt sich eine Addax-Antilope nicht auf die Pisten der Menschen, denn die haben diese Tiere eins nach dem anderen abgeschlachtet. Die Letzten verstecken sich in den Sandwüsten. Nie sieht man sie in der Nähe der Brunnen und der Wadis.«

»Und wie löschen sie ihren Durst?«

»Die Addax-Antilope kann mehr als ein Jahr ohne Wasser auskommen. Durch welches Geheimnis? Niemand weiß es. Diese hier folgt uns, um Halme vom Futter zu erhaschen, das den Kamelen vom Rücken fällt. Indem sie diese Almosen annimmt, verliert sie ihre Würde.

Ihr Fleisch ist vorzüglich, und wenn die Männer der Karawane sie jetzt nicht jagen, dann nur, weil sie vor der großen Durchquerung der Ténéré mit ihrer Energie haushalten müssen. Ihr Überleben hängt von dieser Energie ab, von all ihrem Mut, den sie aufbringen müssen, um Bilma am anderen Ufer dieser riesigen Fläche ohne Wasser, ohne Weide und ohne Leben zu erreichen. Morgen werden sie die Ténéré mit Achtung und mit Angst betreten, denn sie wissen, wie viele Karawanen sie schon verschlungen hat. Diese Wüste symbolisiert gleichermaßen die Schönheit, den Tod, den Mut und den Kampf. Unser Volk gibt seine Kultur in der Karawane weiter, die der Wüste, der Zeit und der Geschichte mit ihren modernen Errungenschaften, mit ihren Lastwagen trotzt.«

Den Baum der Ténéré würde ich gern vergessen, vergessen möchte ich das Gerippe eines Lastwagens, der, die Räder tief im Sand vergraben, seinen Kühlergrill in den Himmel streckte. Vergessen möchte ich die Reifenspuren, die sich mit den Spuren der Kamele vermischten, vergessen möchte ich diese von einem Flugzeug in die Unendlichkeit der Wüste gerissene Spur.

»Eine fliegende Schüssel«, sagten die Kamelhirten und richteten ihre Augen auf die Narbe, die das Flugzeug hinterlassen hatte.

Und dennoch war alles großartig. Am Horizont Hunderte und Aberhunderte von Kamelen, beladen mit Lebensmitteln oder Salzbroten, deren endlose Reihen sich ineinanderschoben. Bei jedem Zusammentreffen schrien sich die Männer freudig zu. Andere führten die Karawane, indem sie Lieder voll Sehnsucht nach ihrem fernen Lager anstimmten. Endlose Kamelreihen, die durch die Grenzenlosigkeit der Wüste ziehen, das ist mir zu einer der bewegendsten Erinnerungen meiner Kindheit geworden. Nie werde ich diese Bilder vergessen.

Die einen begaben sich gen Norden, die anderen gingen nach Agadez und zu den Märkten des Südens. Einige Kamelhirten, denen das Futter für die Kamele ausgegangen war und die deshalb den Weg durch die weite Wüste nicht mehr antreten konnten, hatten sich um das Wrack eines Lastwagens geschart, den französische Soldaten zurückgelassen hatten. Sie kamen von Fachi, der letzten Oase vor derjenigen von Bilma, wo das Salz reiner ist und zu einem höheren Preis verkauft wird. Um ihre Tiere zu erleichtern, hatten sie ihnen die langen, grauen Salzbrote, die in Matten aus geflochtenen Dumpalmblättern eingewickelt werden, vom Rücken genommen.

Was mich am meisten verdross, waren dieses Gerippe aus Metall mit dem Firmenschild *Dodge* und die tief in den Sand gegrabenen Reifenspuren. Sie besudelten die Wüste. Schon bildeten sie einen Graben zwischen uns, den Kindern der Wolken, und den Menschen des Materiellen.

Tafagak, der Baum der Ténéré, kam mir winzig vor. Er hatte keine Blätter, seine kümmerlichen Äste schienen tot zu sein. Wie hatte er die Nomaden und sogar all die Europäer, die seinen Namen in ihre Atlanten schrieben, so beeindrucken können? Wie hatte er so lange allein mitten in der Wüste leben können? Lange, lange nach seinem Tod begriff ich, dass dieser Baum ein Tuareg war.[5]

Meine Mutter ist da, ist an der Stelle, an der wir sie verließen. Wie hat sie den Tag unserer Rückkehr kennen können?

Eine Legende erzählt: Wenn sich früher eine Karawane verspätete, legten sich die Tuareg-Frauen vor Sonnenaufgang in ihren schönsten Gewändern auf die verfallenen Gräber unserer vorislamischen Ahnen, der *Kel Arou,* die verstreut in der Wüste lebten. Im Schlaf folgten sie ihren fernen Söhnen und Ehemännern, und sie konnten sagen, ob diese sich verirrt hatten, ob sie angegriffen worden waren oder wie viele Tagesmärsche vom Lager entfernt sie sich befanden.

Niemals brachten mein Vater und ich die Unverschämtheit auf, meine Mutter zu fragen, ob sie die Gabe des zweiten Gesichts besitze.

Zärtlich tätschelt sie den Hals unserer Kamele. Allein dieses Streicheln, das aber deutlich sagt: »Danke, dass ihr mir die beiden wiedergebracht habt.«

»Wohin gehen wir?«, fragt mein Vater einfach.

»Unsere Tiere warten hinter dem Berg. Wir haben schon vor der großen Transhumanz das Wadi gewechselt.«

Ohne Fragen zu stellen, betrachtet sie mich lange und sagt: »Mano, die Sonne hat dein Gesicht geformt. Das steht dir sehr gut.«

Ich würde warten müssen, bis ich mit ihr allein war, um ihr von meiner Einweihung ins Königreich des Sandes erzählen zu können. Ich erinnere mich, dass ich dann alles durcheinanderbrachte. Völlig zusammenhanglos erzählte ich ihr von Sternen, die mir schöner erschienen waren als die, die an jenem Abend leuchteten. Ich erzählte ihr von zahllosen Grasbüscheln, die plötzlich im Regen entstehen und deren Leben schon nach wenigen Stunden endet. Ich erzählte ihr von dem beißenden Wind, von den verschiedenen Farben und unterschiedlichen Aromen der Brunnenwasser, von der Addax-Antilope, die betteln musste, vom Tanz der Gazellen, von den Skulpturen aus Sand. Ich beschrieb ihr den Baum der Ténéré, der mir mit seinen toten Ästen so traurig vorgekommen war.

»Du hast ihn in einem schlechten Augenblick kennengelernt«, sagte sie. »Zu Beginn der Regenzeit sind seine Blätter fein wie Tränen und grün wie frische Minze. Seine Blüten sind gelb und duften. Dein Vater hat mich und unser Lager zu ihm geführt, als ich sechzehn Jahre alt war. Zu jener Zeit konnte dort noch Gras wachsen.«

Ihre Augen leuchteten. In ihrer Erzählung wurde der kleine Baum zu einer Oase.

Die ausgedörrte Erde bietet nur noch strohige Grasbüschel. Alles Wasser ist von der Oberfläche verschwunden. Die Kühe und die Mutterschafe geben keine Milch mehr. Wie jedes Jahr ziehen Menschen und Tiere kurz vor den neuen Regenfällen nach Westen zu den Salzwiesen, die der Herde die Mineralstoffe liefern, die sie während so langer Monate entbehren musste. Meine Brüder Feltou und Eddoua waren als Kundschafter vorausgegangen und haben einen Ort ausfindig gemacht, an dem es uns nicht an Wasser fehlen wird, weder an Wasser noch an Weiden. Er befindet sich bei den Quellen von Tegguida n'Tessemt, fünf Tagesmärsche entfernt.

Das ist die Salzkur. Unser Lager ist in Festtagsstimmung. Bald werden wir auf die anderen Nomaden treffen, die ebenfalls unterwegs nach Tegguida sind. Hunderte von Männern und Frauen werden sich begegnen, sich wiederfinden, von ihrem Leben erzählen. Während der Vorbereitungen für den Aufbruch machen sich einige Hirten auf die Suche nach verlaufenen Schafen, andere kontrollieren die Pflöcke, an denen die Kälber und die Kamelfohlen angebunden sind. Wieder andere melken die Ziegen und die Kamelstuten, gießen die Mich in lederne Säcke oder in Kalebassen.

Die Frauen haben die Lederriemen gelöst, mit denen die Zelte am Boden festgemacht werden. Sie haben auch schon die Bettmatten um die Längsbalken ihrer Betten gerollt. Mit Bedacht werden die Transportkamele und die Esel beladen. Vergessen darf man vor allem nicht die Trinknäpfe, die Mörser, den Dreifuß für die gusseisernen Töpfe, die Teekanne, die Schüsseln für den Hirseteig ... Zu überprüfen ist, ob die Wassersäcke auch dicht und die Mehlsäcke ordentlich verschlossen sind, ob die ranzige Butter in ihren Säcken gut geschützt ist. Die Männer satteln ihre Reitkamele und hängen die wunderschön gearbeiteten Ledertaschen an ihre Flanken. Die jungen Mädchen legen ihren Schmuck an und umwickeln kunstvoll ihren Kopf mit vielen, verschiedenfarbenen Tüchern. Abseits zurren die Schmiede ihr Handwerkszeug und ihre Esse auf den Rücken ihrer Esel und Kamele fest.

Mir und meinen Freunden Amghar, Intalak und Mawli hat man aufgetragen, die Füße der Kamelfohlen mit denen der neugeborenen Kälber zusammenzubinden. Dann werden die jungen Tiere auf den Rücken der Lasttiere gelegt. Die Hunde bellen, kläffen, laufen aufgeregt durch das Lager. Sie verstehen diesen ganzen Aufruhr nicht.

Jetzt wird der Aufbruch ausgerufen. Die Männer gehen voran, ihnen folgen die Frauen auf den Eseln und die schwer beladenen Kamele. Dicht bei der Karawane halten sich die Ziegen und Schafe und machen keinen Versuch davonzulaufen. Die Kühe und die Kamelstuten werden von jungen Hirten geleitet und mit Geschrei vorangetrieben. Keinen Augenblick denken die Tiere daran, sich diesem Gewaltmarsch zu entziehen. Welche Kraft leitet sie? Der Instinkt oder die Erinnerung an Weiden, zu denen sie jedes Jahr ziehen?

Die jungen Männer sitzen hoch oben auf ihren Meharis und umkreisen die jungen Mädchen, rufen ihnen Komplimente zu und versuchen im Vorbeireiten, ihnen die Tücher vom Kopf zu ziehen. Einige lassen ihr Schwert über dem

Kopf kreisen, fordern sich gegenseitig zum Wettrennen auf, stoßen die Kriegsschreie der Tuareg aus und spornen ihre Kamele an. Mit lauten Rufen werden sie von den jungen Mädchen angefeuert. Wenn am Abend alle um das Feuer versammelt sind, werden die Mädchen das Lob der jungen Männer singen und sich vielleicht auch mit ihnen hinter irgendeinem verschwiegenen Felsen treffen, sobald im Lager alles schläft.

Vor einem Jahr sind die Gendarmen der Wüste vorbeigekommen und haben Ghabidine, den jüngsten Bruder Intalaks, mitgenommen. Bevor sie fortzogen, trugen sie dem Schmied Moustapha auf, meine Mutter zu warnen.

»Wir wissen, dass sie ihren Sohn Mano versteckt. Das ist eine Zuwiderhandlung, die sie sehr teuer zu stehen kommen kann. Wie Ghabidine ist auch Mano in dem Alter, zur Schule zu gehen.«

Moustapha begnügte sich damit zu sagen, dass ich fort sei, um der Schwiegerfamilie meines Bruders im Tal von Zagado zu helfen, und dass er die Botschaft weiterleiten wolle. Um ihn zu belohnen, aber vor allem, um ihm Schweigen aufzuerlegen, musste mein Vater ihm ein Schaf und zwei Ziegen geben.

Die Schmiede haben eine böse Zunge.

Es stimmt, ich war bei meinem Bruder im Tal des Zagado. Dort hat er mit einer jungen Frau der *Kel Tadalé* das Zelt geknüpft. Er zähmt wilde Esel, die ihm die Araber abkaufen, in Lastwagen verfrachten und nach Norden bringen. Es scheint, dass sie die Esel brauchen, um französischen Kindern damit Spaß zu bereiten, aber die Esel meines Bruders sind überhaupt nicht spaßig. Sie sind völlig unnütz und zertrampeln mit ihren Hufen alle Einzäunungen.

Ich war dort, als meine Eltern mich zum zweiten Mal aus dem Lager entfernten, damit ich den Söldnern entginge. Ich war neun Jahre alt. Ich träumte davon, nach Bilma zu ziehen und ein berühmter Karawanier zu werden.

Meine Schwester Tahédag geht vor mir her. Sie schmollt schweigend. Um sie zu zwingen, mich zum Brunnen mitzunehmen, hatte ich mich in die Sonne gelegt und mich geweigert aufzustehen, bis meine Mutter ihr schließlich befahl, mich hinter sich herzuschleifen. Das ist immer mein letzter Erpressungsversuch. Damit kann ich fast alle meine Launen durchsetzen: eine Handvoll Datteln, eine Schüssel Sauermilch, eine weitere Portion Hirsegrieß.

Tahédag ist wütend. Einerseits, weil sie findet, dass man krank sein muss, wenn man sich der brennenden Sonne aussetzt, dann, weil sie auf dem Rückweg in dem den Mädchen vorbehaltenen Wasserloch baden wollte.

Damit sie mir verzeiht, habe ich es übernommen, die mit Wasser gefüllten Ledersäcke unter die Bäuche der Esel zu binden. Wir betreten nun die letzte Talmulde, in deren Schutz unsere Zelte stehen. Wir haben miteinander Frieden geschlossen. Tahédag kann einem nicht lange gram sein.

Wie wir so unsere Esel hinter uns herziehen, bemerke ich meine Mutter, die uns entgegenläuft.

»Was ist los?«, schreie ich.

»Versteck dich! Der Söldner ist da, Mano!«

Tatsächlich, da ist er, hockt auf seinem Kamel. Er hält ein Gewehr in den Händen. Ich haue ab, renne die Abhänge des kleinen Tals hinauf, der Söldner ist mir auf den Fersen. Panik ergreift mich, und meine Beine versagen mir den Gehorsam. Ein zweiter Söldner, den ich nicht gesehen hatte, versperrt mir den Weg. Er packt mich am Arm und lässt mich nicht mehr los. Ich kämpfe, trete mit den Füßen. Der erste Söldner kommt herbeigerannt, versucht, mich zu beruhigen.

»Hab keine Angst! Niemand wird dir Böses tun.«

Sie bringen mich zum Lager zurück. Ich bin gelähmt vor Angst. Dennoch schaffe ich es, noch einmal abzuhauen. Ich stürze sofort in das Zelt meiner Mutter und verstecke mich unter dem Bett. Aber den Söldnern gelingt es, mich aus meinem Versteck hervorzuziehen. Meine Mutter ist ohnmächtig geworden. Einige Frauen spritzen ihr kaltes Wasser ins Gesicht. Etwas entfernt murmelt der Marabut Zauberformeln. Soeben ist mein Vater eingetreten. Er flüstert meiner Mutter zu: »Sei ruhig. Morgen wird Mano frei sein. Ich weiß, was zu tun ist.«

7

Ich bin in der Falle. Nichts und niemand kann mich befreien. Nicht einmal mein Vater hat etwas ausrichten können. Er, der doch so stolz ist, ist nach Agadez geritten, um den Kreiskommandanten anzuflehen.

»Ich bin alt«, sagte er zu ihm, »Mano ist der Einzige, der sich um meine Herden kümmern kann. Ich brauche ihn jetzt, nicht, wenn ich tot bin. Sie haben kein Recht, ihn mir wegzunehmen.«

Der Kreiskommandant wollte nichts hören.

Die Franzosen haben schon lange keine Angst mehr vor den Tuareg …

Es war, als ob man mich zur Schlachtbank führte. Ich weinte und sah durch meine Tränen hindurch alles verschwommen: die Zelte, die Menschen vor den Zelten, alle meine Familienmitglieder, die vor Entsetzen erstarrt waren. Wortlos hob mich der Söldner auf sein Kamel. Ich dachte nicht einmal mehr daran, mich zu wehren.

Ich erinnere mich noch an diesen Leidensweg. Ich war am Sattel des Söldners festgebunden, meine Mutter folgte auf ihrem Esel, meine Schwester und mein Bruder gingen zu Fuß hinter uns her. Wir gingen unser Wadi aufwärts, das von Tamarisken und großen Akazien gesäumt ist. Nie waren sie mir so grün erschienen. Die Bäume sind schön, wenn man von ihnen Abschied nimmt … Gleich, am Ende dieses Weges, wird die Welt stehen bleiben. Man wird mich vielleicht in einen Lastwagen sperren wie die Esel aus dem Tal von Zagado …

Ich lächle meine Mutter an. Ich muss sie beruhigen. Vorbei und vergessen sind jetzt unsere Versteckspiele vor der französischen Schule. Ich brauche mich nicht mehr bei der leisesten Warnung in der Wüste zu verstecken, muss mich nicht mehr flach ins Gras legen oder auf Bäume klettern. Hier ist der Brunnen, zu dem ich so oft die Ziegen und die Kamelstuten geführt habe. Ich werde ihn nie wiedersehen.

Unterwegs kommen immer wieder Männer und Frauen herbei, um an meinem Leidensweg teilzunehmen, um mir adieu zu sagen.

»Matilan, matilan!«, flüstern sie, als ich vorüberreite.

Matilan, matilan … Man muss es hinnehmen.

Die Frauen weinen. Ich höre sie schreien: »Der Arme! Er ist verloren!«

Meine Schwester und mein Bruder stützen meine Mutter. Ohne die beiden würde sie fallen.

»Warum vergreifst du dich an Mano?«, schreien sie den Söldner an. »Hast du denn keine Ehre?«

Meine Mutter schluchzt. Auch sie fleht ihn an: »Er ist mein jüngstes Kind. Verschone sein Leben!«

Der Söldner schämt sich und versucht, sie zu beruhigen: »Dein Sohn hat nichts zu befürchten. Du kannst ihn sehen, wann immer du willst.«

Eine riesige Dumpalme und wieder Akazien. Wir sind in einem Wadi, das ich nicht kenne. Wie viele Stunden haben wir gebraucht, um hier anzukommen? Ich könnte es nicht sagen. Ich bin betäubt.

Meine Mutter ist da. Meine Mutter und meine Schwestern Rhalla, Raïcha und Tahédag … und meine Brüder Rhamer und Eddoua. Der Söldner hat sein Kamel niederknien lassen, damit ich vor einem blauen Zelt absteigen kann. Es ist so groß, dass es eine ganze Ziegenherde fassen könnte. Zum ersten Mal sehe ich ein Stoffzelt.

Ein Mann, mit einem grünen *bubu* bekleidet, kommt heraus und nähert sich mir. Er hat die schwarzen Tücher seiner *scheschia* herabgestreift. Sein Blick ist sanft. Nachdem er meine Mutter begrüßt hat, wendet er sich an mich und sagt auf *tamaschek:* »Ich heiße Adbourahmane Tchamma. Ich bin dein Lehrer. Und du? Wie heißt du?«

Ich will nicht antworten.

»Na gut, ich weiß, dass du Mano heißt.«

Er sieht nicht böse aus, aber man muss sich vor freundlich lächelnden Dschinns in Acht nehmen.

»Wie alt bist du?«, fragt er mit lauter werdender Stimme.

Meine Mutter mischt sich ein: »Was kann dich das interessieren? Er ist im Jahr der großen Trockenheit geboren, das der großen Heuschreckenplage vorausging … Natürlich sagt dir das nichts. Du bist ja kein Tuareg.«

»Ich wurde nur einige Tagesreisen von hier entfernt im Massiv von Guissat geboren. Mein Vater war Hirte«, antwortet er sanft.

»Wenn du Tuareg bist, dann musst du dieses Kind laufen lassen.«

»Ich kann nicht. Die Schule ist Pflicht, und Mano muss etwas lernen.«

Er schweigt und fügt dann hinzu: »Wenn die Tuareg überleben wollen, müssen sie den Unterricht, den ihnen die französische Regierung bietet, annehmen.«

Er lädt uns ein, uns in den Schatten der Palme zu setzen. Ich betrachte ihn angstvoll. Aus der Tasche seiner *gandura* hat er zwei Unheil bringende Zaubermittel gezogen: eine Art Feder, die ein schwarzes Gift ausspuckt, und einen komischen Koran mit karierten Blättern.

»Also Mano, der Sohn von Dayak, geboren … geboren am …«, murmelt er.

Mit der Spitze seiner Feder malt er Zeichen in das Buch, die ich nicht kenne. Jetzt hebt er die Augen zum Himmel und rechnet mit den Fingern nach. Abschließend bemerkt er: »Gut, Trockenheit und Heuschreckenplage, demnach müsstest du um 1950 geboren sein.«

Er wendet sich an meine Mutter und sagt in ruhigem Ton: »Das ist alles für heute. Sie können ihn jetzt wieder mit nach Hause nehmen. In der nächsten Woche wird der Schulunterricht für ihn beginnen.«

Und um sicher zu sein, dass er auch verstanden wird, malt er sieben parallele Striche in den Sand. Mit gewählten Worten setzt er hinzu: »Ich mache Sie darauf aufmerksam, dass Sie und Ihr Mann sehr große Unannehmlichkeiten mit der französischen Verwaltung bekommen werden, wenn er nicht zum festgesetzten Termin in der Schule erscheint. Ich kenne die französische Verwaltung, sie versteht keinen Spaß.«

»Wo müssen wir denn hingehen?«, fragt meine Mutter ängstlich.

Mit einer unbestimmten Handbewegung zeigt er auf das Zelt und antwortet auf *tamaschek:* »Morgen werde ich das Zelt abbauen und es im Tal von Tirsal errichten, nicht weit von Ihrem Wadi. Die Kolonialverwaltung hat den Ort ausgesucht, weil er sich in gleicher Entfernung zu den verschiedenen Nomadenlagern dieser Region befindet. Sehen Sie, nicht die Kinder kommen zur Schule, sondern die Schule kommt zu den Kindern.«

Meine Mutter ist skeptisch. Für sie handelt es sich um eine List. Warum gibt es keine anderen Kinder in dieser merkwürdigen Schule? Sicher hat man ihr eine Falle gestellt. Wenn ich in acht Tagen wieder herkomme, werden mich die Söldner in ein fernes Land mitnehmen, und man wird mich nie wiederfinden.

Der Lehrer hat ihre Gedanken erraten. Ruhig erklärt er ihr: »Seien Sie unbesorgt. Ihr Sohn ist der letzte, der sich hier vorgestellt hat. Die anderen Kinder sind bis zum Schulbeginn wieder nach Hause gegangen. Glauben Sie nicht alles, was man sagt. Die Schule ist kein Gefängnis, und ich bin kein Dschinn. Die französischen Schulbehörden haben beschlossen, diese Nomadenschule einzurichten, für die Tuareg und nicht gegen sie! In acht Tagen steht sie im Tal von Tirsal, in dessen Nähe sich dann auch die Nomadenstämme versammeln. Sie wird mit den Nomaden weiterwandern …«

Im Lager herrscht große Aufregung. Alle bestürmen

meine Mutter und mich mit Fragen. Warum hat man mich wieder freigelassen? Wurde ich geschlagen? Wie viele Franzosen waren da? Als wir abends zusammensitzen, schätzt jeder meine Chancen ab, ein weiteres Mal der Schule zu entrinnen. Aber es wird kein weiteres Mal geben. Sie werden mich verstecken, mich weit fortschicken. Man darf nicht glauben, was dieser Lehrer gesagt hat. Zunächst: Was beweist, dass er ein Tuareg ist?

Und dann: Warum soll man die Kinder in einen europäischen Unterricht schicken, während unsere Mütter besser als jeder andere dazu befähigt sind, uns in Botanik, Zoologie, Medizin, Philosophie, Mythologie, Soziologie, Rhetorik und mündlicher Literatur zu unterrichten?

Die Franzosen sind es ja wohl nicht, die den Tuareg beibringen, einen Brunnen zu finden oder sich an den Sternen zu orientieren! Die Gemüter erhitzen sich. Man muss den Unterricht verweigern, und wenn man ihn nicht verweigern kann, muss man es dahin bringen, ausgeschlossen zu werden.

»Spiel den Idioten!«

»Hau immer wieder ab! Sie werden bald genug davon haben, von einem Wadi zum anderen zu rennen, um dich zurückzuholen.«

Der Lehrer meidet die Blicke der Eltern, die ihre Kinder begleiten. Einige sind schon am Vorabend mit ihren Eseln und Kamelen gekommen. Sie haben vor dem blauen Zelt geschlafen.

Schicksalsergeben schauen sie ihre vor dem Lehrer aufgereihten Söhne an. Zwei bewaffnete Söldner halten sich im Hintergrund. Als gute Polizisten haben sie die Aufgabe, das Gesetz zu repräsentieren und Ordnung walten zu lassen.

Meine Mutter will nicht von mir weichen. Sie hält mich an der Schulter fest und widersetzt sich dem Lehrer.

»Solange mein Sohn dein Gefangener ist, werde ich hier zelten.«

Ohne ihr zu antworten, fährt der Lehrer fort, die Schüler aufzurufen: »Amoumane, Warta, Bello, Mano …«

Der Reihe nach betreten wir das Zelt. Ich habe mitgezählt, wir sind zweiundzwanzig, zweiundzwanzig verschüchterte Kinder in der Falle. Wir drücken uns aneinander und wagen nicht, uns anzusehen.

Der Lehrer fordert uns auf, auf den Matten am Boden Platz zu nehmen. Was erwartet er wohl von uns?

»So«, sagt er auf *tamaschek,* »ihr seid hier, um lesen und schreiben zu lernen, um Französisch lesen und schreiben zu lernen.«

Er geht zu einer großen Kiste, holt Stäbe in allen möglichen Farben heraus und legt sie vor uns hin: »Das ist Kreide«, erklärt er … »Sprecht mir das französische Wort nach: Craie!«

»Craie!«, brüllen wir alle zusammen.

Er geht noch einmal zu der Kiste und holt schwarze Vierecke heraus, die er an uns verteilt.

»Und das hier sind Schiefertafeln. Ihr dürft sie nicht verlieren. Jeden Abend müsst ihr sie mir zurückgeben.«

Er geht zu einer großen Platte, die schwarz ist wie die Schiefertafeln, und malt mit der Kreide Zeichen darauf, die wir nicht kennen.

Mit ausgestrecktem Arm und einem Zeigestock deutet er auf diese Zeichen und erklärt mit feierlicher Stimme: »Das ist das Datum von heute. Heute ist Montag, der 5. Oktober 1959.«

Montag, der 5. Oktober 1959. Mein erster Schultag, dem all die anderen folgen werden. Die Fibel, die Wörter auf der schwarzen Tafel, die wir entziffern und danach auf unsere Schiefertafeln schreiben, die Diktate, von denen wir kein Wort verstehen: »Ju-lie a é-ga-ré sa pe-lo-te … le ké-pi râ-pé de Jé-rô-me, Julia hat ihr Wollknäuel verlegt … Jéromes abgetragene Kappe«.

Von unseren Eltern ermutigt, verweigern wir den Gehorsam. Wir machen absichtlich Fehler, zerbrechen unsere Kreide, verlieren unsere Schiefertafeln, wiederholen verkehrt herum, was man uns gelehrt hat. Wir sind Faulpelze, damit man uns nach Hause schickt.

Der Lehrer bittet uns, kleine Holzstücke zu sammeln, mit denen wir zählen lernen sollen. Wir kommen mit ganzen Tamarisken- und Akazienästen wieder. Das Zelt ist kein Klassenzimmer mehr, sondern ein Hochwald. Bei der kleinsten Gelegenheit laufen wir davon, schwänzen die Schule und werden mit Gewalt und unter Zwang von den Söldnern zurückgebracht, deren Aufgabe es ist, die von der Verwaltung erfassten Schüler zu beaufsichtigen. Um uns zu bestrafen, treten sie uns in den Hintern, brummen uns die härtesten Arbeiten auf, zwingen uns, für die ganze Schule Wasser vom Brunnen zu holen. Wir wagen nicht, uns dagegen aufzulehnen.

Unermüdlich übersetzt uns unser Lehrer die französischen Wörter, die wir bis zur Verblödung wiederkäuen müssen. Unsere eigene Sprache dürfen wir nicht mehr sprechen. Wer dabei ertappt wird, dass er ein *tamaschek*-Wort ausspricht, bekommt die Eselsmütze: ein Holzkreuz, das er den ganzen Tag an einem Lederriemen um den Hals tragen muss. Dieses Kreuz tragen zu müssen, ist eine wirkliche Kränkung für uns. Es ist, als wolle man uns dafür bestrafen, als Tuareg auf die Welt gekommen zu sein.

Zum Glück haben wir lange Pausen, in denen wir nach Herzenslust mit Knöchelchen[6] und Perlen spielen oder uns in *dara*[7] vertiefen können.

Den meisten Kindern gelingt es durch ihre Ausdauer und mit immer neuen Dummheiten schließlich doch, nach Hause geschickt zu werden. Zuletzt sitzen von den zweiundzwanzig Kindern nur noch ein Dutzend im Unterricht von Monsieur Adbourahmane Tchamma. Wir wissen jetzt, dass einst die Gallier Frankreich bevölkerten, dass die Loire auf dem Berg Gerbier-de-Jonc entspringt und dass unser Präsident Charles de Gaulle heißt.

Die Bücher, die an uns verteilt werden, sind »zum Gebrauch der schwarzen Bevölkerung Afrikas« bestimmt. Darin sind Fotos von Flusspferden, Krokodilen, Elefanten, von Wäldern, in die die Sonne nicht eindringen kann, von unvorstellbaren Seen. Aber keins von der Sahara, keins von den Tuareg. Für den Rest der Welt existieren wir nicht.

Abends im Lager schämen wir uns zu erzählen, was wir gelernt haben. Aus Würde verschweigen wir, dass wir im Begriff sind, gelehrte Tiere zu werden.

Eines Tages kündet uns der Lehrer den Besuch des Grundschulinspektors an, der die Schule besichtigen wird.

»Er kommt, um eure Intelligenz zu prüfen. Enttäuscht ihn nicht, enttäuscht mich nicht! Morgen wird er hier sein.«

Ungeduldig warten wir auf seine Ankunft. Er soll in einem Automobil kommen, in so einer Maschine, wie sie in einem unserer Geschichtsbücher abgebildet ist: ein Monster aus Eisen, das sich von allein vorwärts bewegt.

Wir haben uns im Gestrüpp versteckt und lauern auf

seine Ankunft. Wir können sie kaum erwarten. Wenn unser Plan gut ist, werden wir endgültig von der Schule fliegen.

Die Idee kam von Amoumane.

»Sobald er ankommt, springen wir schreiend auf und schwingen unsere *ganduras* über unseren Köpfen. Sein Auto wird Angst bekommen, es wird sich wie ein Kamel aufbäumen, und der Inspektor bricht sich das Genick. Danach wollen die Franzosen bestimmt nichts mehr von uns wissen. Und wir sind endlich frei!«

Eine Staubwolke, ein ununterbrochenes Grollen wie zu Beginn eines Gewitters, und plötzlich erscheinen, nur wenige Meter von uns entfernt, die Schnauze des Automobils und seine großen, vergitterten Augen. Wir springen aus unserem Versteck und rudern mit den Armen in der Luft, brüllen aus Leibeskräften. Keineswegs erschrocken kommt das Auto auf uns zu. In seinem Innern sitzt ein alter Herr mit geränderter Brille. Er winkt lebhaft zu uns herüber, hält sein Gefährt an und ruft freudig: »Danke für euren Empfang! Ihr seid liebe Kinder.«

Wir sind perplex. Unser Plan ist nicht nur nicht gescheitert, nein, der alte Mann lädt uns sogar ein, einer nach dem anderen in sein Automobil zu klettern.

Der Inspektor hieß Monsieur Coularis. Er war ein rechtschaffener Mann und hatte eine *targia* geheiratet. Ein Mann, zu dem ich vollstes Vertrauen haben konnte.

Monsieur Coularis kam oft in Begleitung des alten Aykarou zur Inspektion in die Schule. Der alte Aykarou war ein naher Verwandter meiner Familie. Auch er war in die Schule der Franzosen geschickt worden, vor langer Zeit. Viele Jahre hatte er fern seines Stammes und seiner Familie gelebt. Nach all den Jahren des erzwungenen Exils war er glücklich, zu seinen Wurzeln zurückzukehren. Sehr gern hörte ich ihm zu, denn in der Zeit seines Exils hatte er viel über die Welt und über unser Volk erfahren. Als kleiner Junge hatte er unser Wadi verlassen und war zurückgekehrt mit dem weißen Bart und dem wunderbaren Gesicht eines alten Weisen.

Eines Tages sind er und ich mit Monsieur Coularis in seinem Land Rover – so nannte er sein altes grünes Auto – in die Wüste aufgebrochen.

»Wussten Sie«, fragte ich Monsieur Coularis unterwegs, »dass ein Deutscher mit Namen Barth in unserem Land noch Giraffen und Löwen begegnet ist?«

»Ja, das weiß ich, mein Kleiner. Barth hat die Wüste sehr gut beschrieben.«

»Kennen Sie andere Männer wie ihn? Männer, die zum Beispiel noch Mufflons gesehen haben? Mein Bruder hat Mufflons gejagt.«

»Mufflons? Das weiß ich nicht, aber es gab einen anderen Forscher. Er hieß Henri Duveyrier. Mit neunzehn Jahren gelang es ihm, bis ins Herz der Tassili-n-Ajjer vorzudringen. Er war begeistert von den Lebensformen der Nomadenstämme, und nach und nach wurde er ein persönlicher Freund von Ikhenoukh-Nouhan, dem Oberhaupt der Ajjer-Konföderation.«

»Der Freund eines *amenokal?* Wie hat er das angestellt?«

»Er begriff als einer der Ersten, dass die Lebensform der Tuareg bestimmt wird von der Verletzbarkeit und der Größe der Natur, die sie umgibt. Nachdem er drei Jahre bei ihnen gelebt hatte, kehrte er in seine Heimat zurück und schrieb ein Buch[8], das die Theoretiker damals ziemlich aufregte …«

»Was bedeutet das, Theoretiker?«

»Das sind Leute, die viel lesen und sich ein Bild von der Welt machen aufgrund dessen, was sie gelesen haben.«

Ich nickte, damit er glaubte, ich hätte ihn verstanden. Es war jetzt nicht der Augenblick, ihn ungeduldig zu machen.

»Erzählen Sie weiter«, bat ich. »Was ist aus diesem Mann geworden, dessen Buch neue Anstöße gab?«

Monsieur Coularis fuhr mir durchs Haar. Er schien zufrieden.

»Nun, dieser Duveyrier wurde wie Barth von seiner Regierung angegriffen. Man beschuldigte ihn, er wolle das Oberhaupt der Hoggar-Tuareg, Ahitagel, verteidigen, der im Hoggar die Männer der französischen Mission des Oberst Flatters massakriert hatte …«

»Flatters. Ja, ich kenne Oberst Flatters …«

»Du kennst Oberst Flatters?«

»Mein Vater hat mir von ihm erzählt. Aber sagen Sie mir doch: Wie ist es Duveyrier ergangen?«

»Er fühlte sich zutiefst in seiner Ehre verletzt und beging Selbstmord, vier Jahre nach der großen Dürre, die das Ahnet-Vorgebirge[9] verwüstet hat.«

Monsieur Coularis hatte in einem Tamarisken-Wäldchen angehalten. Der Wind wirbelte die Dünen ununterbrochen in Wogen auf. Ich bemühte mich, im Rauschen des Sandes jedes Wort dieses alten Franzosen zu verstehen. Mit weit ausholenden Gesten ließ er mich den langen Marsch der Mission Foureau-Lamy nacherleben, die zur ersten Sahara-Durchquerung mit mehreren Hundert Mann und tausendeinhundert Kamelen aufgebrochen war. Fast alle waren vor Erschöpfung auf den Pisten von der Nordsahara zum Tschad-See gestorben. Ich stellte mir die »Befriedung« der Wüste durch Laperrine, den Kommandanten der Oasengebiete, vor: Seine Sahara-Kompanien aus Kriegern des *Chaamba*-Stammes waren bereit gewesen, für ein Transportkamel und ein Reitkamel, für Waffen und Geld gegen ihre Brüder zu kämpfen.

Der alte Aykarou ließ für mich die Schlacht von Tit unter Leutnant Cottenest wiederaufleben, gegen dessen Feuerwaffen sich die Tuareg mit Lanze und *takuba,* dem Schwert der Tuareg, verteidigten. Ich sah sie vor mir, Mann gegen Mann, eine einzige Schlächterei, danach die Kapitulation der Herren der Wüste. Und später, im Niger: die zweihundertsieben Tuareg, entwaffnet und erschossen von den Männern des verbrecherischen Kommandanten Sadoux, dem sie doch nur ihre Unterwerfung hatten anbieten wollen.

Als er das hörte, verschleierten sich Monsieur Coularis' Augen vor Trauer. Er hatte eine Targia geheiratet.

»Nach der Niederlage von Tit im Jahre 1902«, ergänzte er ernst, »gingen die letzten Widerstandskämpfer des Hoggar ins Exil. Viele von ihnen schlossen sich Kaossen ag Gedda an, dem berühmten Anführer der Tuareg-Rebellion.«

»Kaossen? Wer war Kaossen?«

Der alte Aykarou zog seinen Gesichtsschleier hoch, wie um seine Gemütsbewegung zu verbergen, und fuhr dann in der Geschichte fort: »Kaossen war der Held des Aïr. Als einer der Ersten suchte er Zuflucht in der Libyschen Wüste. Er war ein außergewöhnlicher Kämpfer und hatte sein Können verschiedenen türkischen Kommandeuren und später den Anhängern des muslimischen Senussija-Ordens zur Verfügung gestellt. Es war ihm unwichtig, welchen Herren er diente. Er war besessen von der Idee, die Tuareg zu einen und genügend Kräfte aufzubieten, um sie von dem französischen Joch zu befreien …«

«Monsieur Aykarou, Sie erzählen viel zu schnell. Ich verstehe nicht alles.«

Der alte Aykarou hörte mich nicht mehr. Er redete und geriet immer mehr in Fahrt. Ich versuchte, ihm zu folgen, mir jeden seiner Sätze einzuprägen. Die Tuareg haben ein gutes Gedächtnis. Das brauchen wir, um unsere Geschichte im Wind weiterzuerzählen. Und um den Wind in Erinnerung zu behalten.

»In Europa wütete der Erste Weltkrieg«, fuhr er fort. »Damals befand sich Kaossen in Ghat, in der Libyschen Wüste, an der Spitze von zweihundert mit modernen Waffen ausgerüsteten Kämpfern. Seine Anhänger hatte er bereits von seiner baldigen Rückkehr in den Aïr unterrichtet. Er hatte sie aufgefordert, die Oberhäupter der einzelnen Nomadenstämme für diesen Aufstand gegen die Franzosen zu gewinnen. In Nordafrika waren das deutsche und das türkische Militär zum Angriff übergegangen. Dies nutzten die muslimischen Senussi, die die Franzosen hassten, um ihre militärischen Aktionen in der Wüste zu verdoppeln und um den Priester Charles de Foucauld, den sie für einen von Laperrine bezahlten französischen Agenten hielten, am 1. Dezember 1916 in seinem Haus in Tamanrasset zu ermorden. Natürlich wurde dieses Verbrechen den Tuareg angelastet, obgleich Foucauld, der Eremit der Wüste, ein Freund der Tuareg war. Er schrieb die schönsten Seiten unserer Geschichte ...«

»Erzählen Sie mir, Monsieur Aykarou, was die Tuareg gemacht haben, als sie von Charles de Foucaulds Tod erfuhren!«

Wie gut konnte ich mir die Scham und die Wut vorstellen, die das Wüstenvolk bei einer solchen Anschuldigung empfunden haben musste. Vor allem aber interessierte mich der Rebell Kaossen, der die Nomadenkrieger des Hoggar, des Aïr und des Adrar der Iforas um sich sammelte. Ich sah ihn an der Spitze seiner Truppen vor mir.

»Ich bin sicher, dass Kaossen sein Land befreit hat!«, rief ich aus.

»Nein, mein Kind, so ist es nicht gekommen. Als Kaossen heimlich in seine Heimat zurückgekehrt war und in Agadez das französische Garnisonsfort belagerte, schlossen sich ihm nicht alle Tuareg an. Vor allem die Kel Dinnik hielten es für undenkbar, sich unter die Befehlsgewalt eines Mannes zu stellen, der nicht aus gutem Hause kam.«

»Aus gutem Haus?«

»Man sagt, seine Mutter sei eine *taklit* gewesen, die Tochter eines Sklaven. In Libyen hatten sich ihm nur wenige aus der Schicht des Adels angeschlossen, *imascheren,* die sich bereits auf dem Weg in die Revolte befunden hatten, als sie noch im Norden unseres Landes lebten. Kaossen zählte vor allem auf Unterstützung durch die Kaste der Schriftgelehrten und ihrer Stämme. Die Tuareg des Nordens und Nordostens, die Verbindung zu den Rebellen hatten, waren auch zum Aufstand bereit, aber sie waren untereinander uneins. Es gab viele Streitigkeiten unter den verschiedenen Nomadenstämmen, die abgeschieden in ihren jeweiligen Weidegebieten lebten. An eine Allianz mit den Türken und den Senussi glaubte Kaossen nicht. »Ihr habt keine Verbündeten bei den Muslimen und keine bei den Ungläubigen, und ihr werdet nie welche haben«, erklärte er seinen Anhängern wieder und wieder. »Uns bleibt nur, uns zu vertragen und ohne Verbündete selbst für uns zu kämpfen.«

»Und was geschah dann?«

»Die belagerten Franzosen erhielten Unterstützung aus Zinder, und Kaossens Rebellen mussten trotz ihres Einsatzes und ihres Heldenmuts aufgeben. Im Juli 1917 jagten die französischen Truppen sie aus Agadez und im März 1918 aus dem übrigen Aïr … Während seiner Flucht durch die Libysche Wüste fiel Kaossen den Türken, die ihn ehemals unterstützt hatten, in die Hände. Er wurde des Verrats angeklagt, ins Gefängnis geworfen und durch den Strang hingerichtet. Die meisten seiner Gefährten wurden von den Türken ermordet oder von den Franzosen unterjocht ….«

Er schwieg einen Augenblick und beendete dann seine Erzählung mit den Worten: »Weißt du, Mano, du musst in der Schule fleißig lernen. Später wird dir das vielleicht helfen, eine Art Kaossen zu werden. Dein Volk braucht so einen.«

Das war im Jahre 1962. Die Republik Niger feierte den zweiten Jahrestag ihrer Unabhängigkeit. Uns, die Tuareg, ging das nichts an. Frankreich hatte zwar die Sahara und die Sahelzone zerstückelt, indem es am grünen Tisch künstliche Grenzen festlegte, doch konnten diese damals von den Nomaden noch ohne Schikanen überschritten werden. Nach der Unabhängigkeit aber kontrollierten die Polizisten und das Militär der neuen Staaten Algerien, Mali und Niger die Karawanen und verlangten von den Tuareg, die nicht einmal lesen konnten, Pässe und Visa. Einige von ihnen wurden, nur wenige Tagesmärsche von einem Brunnen entfernt, in die Wüste zurückgeschickt, mit leeren oder fast leeren Wasserschläuchen.

Gewiss, am Vorabend der Unabhängigkeit hatten einige Tuareg und befreundete Offiziere der Mehari-Truppen die sich anbahnende Tragödie vorhergesehen. Der Sultan von Agadez und Oberhäupter verschiedener Tuareg-Gemeinschaften schickten, weil sie das Schlimmste befürchteten, einen Brief an General de Gaulle, in dem sie die Aufteilung des Gebiets der Tuareg auf verschiedene Länder ablehnten. Sie forderten die Gründung eines unabhängigen Sahara-Staates. Ihr Brief erreichte seinen Adressaten nie. Er wurde im Kabinett des Präsidenten der französischen Republik abgefangen und an Diori Hamani, den neuen Präsidenten des Niger, zurückgeschickt. Unmittelbar darauf ließ dieser die Verfasser des Briefes gefangen nehmen. Der Sultan starb in der Haft.

Doch das alles sollte ich erst sehr viel später erfahren. Im Augenblick reichte mein Horizont nicht weiter als bis zur Nomadenschule, zu den Zusammenkünften mit Monsieur Coularis und dem alten Aykarou und bis zur Wüste, in die ich während der Ferien auf meinem Mehari Abzaw flüchtete.

Ich bin todtraurig: Ich muss die Nomadenschule verlassen und auf die Schule in Azzel gehen, das fünfzehn Kilometer von Agadez entfernt ist und ein festes Schulgebäude besitzt. Ich bin erst zwölf Jahre alt, aber, so scheint es, viel zu alt, um in der Klasse von Monsieur Adbourahmane Tchamma bleiben zu können. So jedenfalls hat es die Verwaltung beschlossen. Zum ersten Mal bin ich wirklich von meinen Eltern getrennt. Immer öfter laufe ich heimlich mit meinen Freunden davon. In Mauern eingeschlossen können wir nicht leben. Wir brauchen Platz und Freiheit. Wir sind wie der Baum der Ténéré: Unsere Wurzeln reichen zu tief, als dass sie aus der Wüste herausgerissen werden könnten. Wie Zugvögel schwärmen wir aus – und rennen zu unserem Lager; achtzig Kilometer, ohne anzuhalten. Jede Sekunde Freiheit, die wir gestohlen haben und die uns gehört, wollen wir nutzen. Unterwegs treffen wir Nomaden, die uns sagen, in welchen Wadis unsere Familien zuletzt ihre Zelte aufgeschlagen haben.

»Hinter dem Berg Zouanzar müsst ihr dem Wadi Akrifas folgen und dann die Piste hinter der abgestorbenen Akazie nehmen! ... Geht bei den Drei Steinen links hinauf, dann kommt ihr ans Lager von Moussa. Dort wird man euch den Trampelpfad der Kamelherden zeigen!«

Die abgestorbene Akazie ... die Drei Steine – vergängliche Wegweiser, verloren zwischen Dünen. Ein Baum mit toten Ästen, drei kaum wahrnehmbare Steine: Uns zeigen sie einen geheiligten Weg!

Manchmal nehmen uns Kamelhirten auf dem Rücken ihrer Tiere mit. Nie fragen sie uns, woher wir kommen. Sie wissen es.

In zwei Tagen oder vielleicht erst in einer Woche werden uns die Gendarmen finden und uns zurückbringen in ihre »Lehranstalt«, wie sie es nennen. Was kümmern uns Schelte und Strafen; wir hatten für einen Moment unsere Tuareg-Seele wieder.

Meine Familie erträgt es nicht, mich so weit von ihr entfernt zu wissen. Fast täglich nimmt eins meiner Geschwister den weiten Weg auf sich, um mir Milch, Mehl, Fleisch, Hirsefladen und *takamart,* den Käse der Tuareg, zu bringen.

Meine Mutter hat sich in der Nähe der Schule niedergelassen. Mitten in der Nacht ist sie vom Lager aufgebrochen. Den Sonnenaufgang konnte sie nicht abwarten, nein, ihr Sohn brauchte sie augenblicklich. Sie kam mit ihrem Esel und mit einer Kuh. Den Leuten, die sich darüber wundern, dass sie im Wadi neben der Schule sitzt, erklärt sie: »Mein Mano braucht die Milch dieser Kuh und keine andere. Sie hat freies Gras gefressen.«

Da ist sie nun und belauert die Schultür. Sie ist sich sicher, dass man mich freilassen wird, denn sie hat den Marabut befragt. Für zwei Ziegen war er bereit, den »französischen Unterricht« zu verhexen.

Es fällt mir schwer, mich an das Essen, das man uns im Speisesaal auftischt, zu gewöhnen. Zum ersten Mal esse ich Nudeln und Reis, mit einer klebrigen Soße übergossen. Kaum kann ich die Schuluniform ertragen, die man scheinheilig nach dem Vorbild der Tuareg-Bekleidung geschneidert hat.

Um unsere Würde zu retten, tun wir so, als bemerkten wir ihre Schikanen nicht. Diese Menschen haben eben nie Hunger und Durst, versiegte Brunnen und mörderische Sandstürme kennengelernt. Die Wüste hat ihnen nie beigebracht, ihre Seelen zu reinigen.

Trotz allem packte mich in jener Schule in Azzel eines Tages der Ehrgeiz, und ich beschloss, mir die größte Mühe zu geben. Aus einem Faulpelz verwandelte ich mich in einen guten Schüler. Ich bemühte mich, meine Lektionen, meine Multiplikationstabellen zu lernen. Ich arbeitete verbissen, wollte beweisen, dass ein Tuareg nicht nur sich selbst, sondern auch die anderen übertreffen kann. Angefeuert von Monsieur Coularis, dem freundlichen Inspektor der Nomadenschule, büffelte ich meinen Lernstoff, wiederholte den, den ich versäumt hatte, weil ich meine Tuareg-Identität nicht verlieren wollte. Meine Fortschritte waren für Monsieur Coularis eine Belohnung. Ja, sie belohnten das Vertrauen, das er mir geschenkt hatte, aber vor allem rechtfertigten sie seine Entscheidung, eine Targia geheiratet zu haben.

Jetzt war ich Klassenerster. Ich bekam ein glänzendes

Zeugnis, wurde als bester Schüler des Departements ausgezeichnet, und nach einem problemlosen Jahr in der fünften Klasse kam ich in die siebte Klasse des Collège von Agadez.

Es ist Nacht. Ich sitze im Hof der Schule von Azzel und schaue in den Mond, ein Heft auf den Knien.

»Allah hat diesem Baum sieben Äste geschenkt, auf jedem Ast ruhen sieben Nester, in jedem Nest wohnen sieben Vögel, jeder Vogel hat sieben Schnäbel …«

Ich sehe das Nomadenlager vor mir, wo im Kreis um das Feuer mein Vater und die Kamelhirten ihren Tee tranken und den Mond, die Dame der Nacht, anschauten.

Sieben Äste, sieben Nester, sieben Vögel, sieben Schnäbel … Mechanisch greife ich zu meinem Bleistift und löse auf einem herausgerissenen Blatt die Aufgabe. Sieben Äste, sieben Nester, sieben Vögel, sieben Schnäbel … sieben, mal sieben, mal sieben, mal sieben … zweitausendvierhunderteins.

Niemals sollte man solche Rechenaufgaben machen. Mein Vater ist gestorben. Ein Mann ist auf seinem Kamel aus Tidène gekommen, um mir die Nachricht zu überbringen, heute am frühen Nachmittag.

»Ein Fall von Sumpffieber. Man konnte nichts machen …«

Gestorben in der Wüste, ohne ärztliche Versorgung und ohne Medikamente, vor Kälte zitternd unter einer bleiernen Sonne. Der Marabut ist ins Zelt eingetreten und hat ihn gewaschen, ihm die Daumen zusammengebunden und dann ein weißes Laken über ihn gebreitet. Sie haben ihm ein Grab ausgehoben, haben seinen Körper mit Sand bedeckt und darüber große Steine und dornige Äste gelegt.

Meine Mutter, meine Geschwister waren dabei – nur ich nicht. Als die sterbliche Hülle begraben war, haben sie den Friedhof verlassen, ohne sich umzuwenden. Im Lager bellten die Hunde.

Friede seinem Angedenken. Nie wieder wird man seinen Namen aussprechen.

Ich bin fünfzehn Jahre alt. Ich bin aus der Schule davongerannt. Hinter den Schlafsälen weine ich unter dem Laken, das ich aus meinem Bett gerissen habe, bevor ich mich hierhin zurückzog. Ich will meinen Schmerz verbergen.

Ein Tuareg zeigt seine Tränen nicht.

Das schrecklichste Leid ist das, das man aus Ehrgefühl und Anstand einsam durchlebt … Ich werde meinen Vater als den außergewöhnlichen Lehrer meiner Wüstenschule in Erinnerung behalten. Nach dem Bild der Wüste, so wie er sie mich gelehrt hat, war er selbst geformt: Er konnte mild und streng zugleich sein. Weit wies ich den Gedanken von mir, ihn nie wiederzusehen, nie mehr seine Stimme zu hören. Immer wieder sah ich den Friedhof von Tidène vor mir, auf dem er begraben wurde. Ich versuchte, mir den Ort seines Steingrabs vorzustellen, aber ich wagte nicht, meine Mutter danach zu fragen. Aus Scham und aus Achtung vor seinem Andenken.

8

Zwei lange Monate kann ich in meinem Wadi von Tidène verbringen, bevor das neue Schuljahr im Collège von Agadez wieder beginnt. Im Lager herrscht Freude. Alle feiern meine Rückkehr. Meine Mutter schenkte mir das

Schwert »desjenigen, der nie wieder zurückkehrt«[10] und entschied bei dieser Gelegenheit, dass es für mich nun an der Zeit sei, den *tugulmust* zu tragen. Sie reichte ihn mir und sagte nur: »Er wird die Gedanken, die über deine Lippen wollen, filtern.«

Abzaw ist zu einem wundervollen Mehari herangewachsen. Sein weißes Fell trägt mir allgemeine Anerkennung und den bewundernden Blick der Frauen ein, die beim Stampfen der Hirse innehalten, wenn ich an ihren Zelten vorüberreite. Unter ihnen ist Mariama, die jüngste Schwester meines Freundes Mawli, mit der ich früher die Ziegen gehütet hatte. Mariama ist ein sehr schönes Mädchen geworden, sie hat eine hohe Stirn und himmlisch volle Lippen. Ihre Augen schauen immer wie erstaunt, und unter ihrem Kopftuch züngeln Flammen schwarzer Haare hervor. Seit meiner Rückkehr begegne ich ihr häufig auf dem Weg zum Brunnen, aber sie ist nie allein. So begnüge ich mich damit, ihr verstohlen mit den Augen den Hof zu machen.

In der vergangenen Nacht fühlte ich während des *ahals* im Zelt der alten *imsad*-Virtuosin Tatrit ihre Blicke die ganze Zeit auf mich gerichtet, und als die alte Tatrit ein Gedicht vortrug, hatte ich den Eindruck, dass sie es für Mariama und mich ersann:

Sie ist wie ein Mond am Himmel.
Ich bitte Gott, den Herrn, der sie eigenhändig schuf,
mich zu den Dingen zu zählen, die ihr gehören …

Als am frühen Morgen alle auseinandergegangen waren, fragte Mawli mich lang und breit, was ich nach dem Collège vorhabe. Ich antwortete ihm, dass ich das noch nicht wisse. Vielleicht würde ich Lehrer in einer Nomadenschule.

»Das ist gut. Das würde Mariama gefallen«, sagte er nur.

Mit diesen wenigen Worten gab er mir die Antwort, auf die ich gewartet hatte: Mariama hatte ihm von mir erzählt.

Der Himmel ist sternenübersät. Eine Nacht für Verliebte. Leise nähere ich mich Mariamas Zelt. Heute Morgen hat sie mir heimlich ein »Kreuz von Agadez«[11] in die Hand gedrückt, das sie von einem Schmied extra anfertigen und verzieren ließ. Diese Geste ist die Einladung an mich, zu ihr zu kommen, wenn im Lager alles schläft.

Auf leisen Sohlen schlüpfe ich in ihr Zelt. Auf keinen Fall darf ich ihre schlafenden Eltern wecken. Sanft hebe ich den Schleier, der ihr Gesicht bedeckt. Ich habe darauf geachtet, den Brauch nicht zu verletzen, der vorschreibt, sich vom Kopfende des Bettes zu nähern. Da liegt sie, wunderbar, mit geschlossenen Augen. Sie tut, als schlafe sie, aber ein Lächeln erhellt ihr Gesicht. Vorsichtig streichle ich ihre Hand – wieder folge ich dem Brauch. Jetzt schlägt sie die Augen auf und zieht ohne ein Wort ihre Matte unter das Vordach des Zelts. Damit gibt sie mir die Erlaubnis, ihr den Hof zu machen.

Mit leiser Stimme beginne ich nun das Spiel des Rätselratens: »Talauf war nichts, talab nichts – wer bin ich, Mariama?«

»Der gegenwärtige Augenblick«, antwortet sie und streichelt dabei das Kreuz von Agadez, das ich um den Hals trage … »Das heißt: du und ich.«

Sie senkt die Augenlider und fährt zärtlich in unserer gemeinsamen Hingabe fort, indem sie mir flüsternd ein Märchen erzählt, dessen Ende ich erraten soll: »Es war einmal vor langer Zeit eine Hexe, eine *talchint,* die sich in eine Hirschkuh der Wüste verwandelt hatte. Insgeheim träumte sie davon, ein junges Mädchen wie alle anderen zu werden und einem Prinzen zu begegnen, durch den sie etwas fände, das sie bisher noch nicht kennengelernt hatte …«

Sie lächelt mich an. Ihre Zähne sind makellos. Ich würde sie gern in meine Arme nehmen und ihr sagen …

Ich begnüge mich mit der Antwort: »Als der Prinz sie sah, ahnte er, was das war, das sie noch nicht kennengelernt hatte. Vorsichtig näherte er sich ihr und legte sanft seine Wange an die ihre …«

Mariama wurde meine erste Liebe. Jede Nacht trafen wir uns in der Wüste. Sie verließ unbemerkt das Lager, ich erwartete sie auf meinem Mehari hinter der von Tamarisken umgebenen Einfriedung. Dann ritten wir gemeinsam in die Dünen.

Agadez, seine Autos und Mopeds, meine Angst, überfahren zu werden, die durchdringenden Trillerpfeifen der Polizisten, die Häuser aus *banco,* in deren Höfen die Wäsche trocknet, die kleinen Läden mit Stoffen, Geschirr, Getreide und Gewürzen, die Verkaufsstände der Töpfer, der Lederwarenhersteller und am Abend die monotone Stimme des Muezzin von der alten Moschee, der laut zum Gebet ruft.

Ich wohne bei einem alten *Hausa*-Ehepaar. Es sind rechtschaffene Leute, denen ich jeden Monat die kleine Ausbildungsbeihilfe, die ich vom Staat bekomme, abliefere. Dafür vermieten sie mir ein Zimmer mit einer Sturmlaterne, in deren Schein ich meine Hausarbeiten mache. Abends bekomme ich von ihnen auch ein Essen: eine Schüssel Hirse, Nudeln oder Reis, die mir die Frau auf meinen Tisch stellt.

Ich sehe sie nie, auch ihren Mann nicht. Zwischen uns gibt es keinerlei Beziehung außer einem kurzen »Guten Tag«, wenn wir uns begegnen ... und dieser Mahlzeit einmal täglich. Manchmal höre ich sie bei Sonnenuntergang hinter der Wand beten. Dadurch fühle ich mich nicht so allein.

Es ist der Beginn des Exils ...

Abends gehe ich durch die Stadt zu einer Familie, die aus dem Aïr stammt. Sie lädt Tuareg-Kinder zu sich ein, die wie ich in Gastfamilien verstreut leben. Wir trinken unseren Tee und sprechen von der Regensaison, von der nächsten Salzkur. Mit geschlossenen Augen beschwören wir die Wüste herauf, die Herden, den Wind in den Tamarisken, das abendliche gesellige Beisammensein unter dem Sternenhimmel.

Mehr und mehr widern mich die Feindseligkeit, die Grausamkeit, die Gemeinheiten dieser Welt an, die ich nicht verstehe, die mich nicht versteht. Wozu dient das ganze Lernen, wenn es doch nur zu einer so kläglichen Lage führt?

Ich beginne, meine Eltern zu verstehen, ihre Sorgen und ihr Ablehnen eines solchen Lebens, dieser Schulzeit. Ich beginne, mich gegen die Schule und gegen die neuen Lebensbedingungen aufzulehnen, verweigere mich. Der angebliche Wunsch, die Nomaden zu unterrichten, sie zu bilden, ist nichts als Bluff. Diese Scheinunterweisung der Nomaden dient nur dazu, der Welt weiszumachen, die Republik Niger kümmere sich um die Tuareg. Ich habe den Eindruck, man will unsere Unwissenheit nur vergrößern, indem man uns von unseren Wurzeln abtrennt und uns zu einem Volk macht, das zwischen zwei Welten umherirrt. Fürchtet der Niger die Tuareg dermaßen, dass er ihre Kultur zerstören will, indem er ihnen einen Weg weist, auf dem sie keinerlei Zukunftsaussichten haben angesichts der Ablehnung, die ihnen überall entgegengebracht wird?

Monsieur Coularis versucht, mich zu trösten: »Du musst die Zähne zusammenbeißen, weitermachen, koste es, was es wolle!«

»Nein, ich mache nicht weiter. Ich verlasse das Collège!«

Weder er noch Pater Grenier, ein französischer Priester, der sich um die kleine Kirchengemeinde von Agadez kümmert, können meinen Willen beugen. Ganz ruhig antworte ich ihnen: »Die Tuareg, sagte mein Vater, dürfen sich nicht zum Narren halten lassen von Luftspiegelungen. In einer Landschaft, der man alles abgewinnen muss, hat die Illusion keinen Platz. Sehen Sie, ich habe keine Illusionen mehr.«

Mit beiden Händen umklammere ich das Absperrgitter des Flughafens von Agadez und beobachte das Starten und Landen der Flugzeuge, alter DC3. Aus ihren Leibern kommen Menschen, die es eilig haben. Lastwagen rollen auf die Landebahn. Männer in orangefarbenen und blauen Overalls laufen, mit Kopfhörern auf den Ohren, in alle Richtungen. Ich weiß in diesem Augenblick, dass meine Augen einen Fehler begehen, dass sie die Mechanismen einer Zivilisation, die nicht die meine ist, nicht wahrnehmen dürften.

Ich will bis ans Ende meiner Ernüchterung gehen. Auf den Straßen bleibe ich vor den Geschäften stehen, verweile bei den Auslagen. Wer mag wohl die Hundert und Aberhundert Gürtel kaufen und tragen, alle diese Burnusse, Brieftaschen, diese Tausende Paar Schuhe und dort die Transistoren, die Musik ausspucken, die bunten Uhren, die die Zeit in Stücke reißen?

Boudon ist Franzose, verheiratet mit einer Targia. Er hat einen Filmvorführapparat, mit dem er unter freiem Himmel Filme zeigt. Mehrmals hat er mich bereits eingeladen, mir eine Filmvorführung anzuschauen. Immer habe ich abgelehnt. Das Kino und die Fotografie stehlen die Seele.

Frau Boudon nimmt mir meine Sorgen: »Früher war ich *imsad*-Spielerin, und die Bilder, die jeder durch meine Gedichte sah, waren viel schöner als die Bilder, die du hier sehen kannst. Bei meinen Liedern brauchte man nur die Augen zu schließen.«

Mein erster Film im Boudon-Kino war *François I.* Darin sieht man eine Ziege, die die Füße des Schauspielers Fernandel leckt. Das ist meine einzige Erinnerung an dieses Spektakel. Ich fand es absurd. Eine Woche später sah ich den Film *Ali Baba und die vierzig Räuber,* der mich mit seiner Grotte aus Pappmaché und seiner gewöhnlichen Liebesgeschichte ebenso wenig interessierte.

Nur einem einzigen Film gelang es, mich zu fesseln, er hieß *Aug um Auge, Zahn um Zahn.* Es ist die Geschichte eines Arztes, der die Frau eines Nomaden absichtlich sterben lässt. Eines Tages schlägt dieser Nomade dem Arzt, der ihn nie zuvor gesehen hat, einen Ausflug in die Wüste vor. Sie wandern und wandern, verirren sich in den Dünen. Nicht das kleinste Wasserloch, und die mitgeführten Ledersäcke sind leer. Erschöpft, mit ausgetrockneter und brennender Kehle fleht der Arzt seinen Begleiter an, ihm zu trinken zu geben. Er, der dermaßen unter seinem Durst leidet, versteht nicht, wie es der andere, der Nomade, ohne Wasser aushält. Der hat sicher einen Wassersack in seiner Packtasche versteckt, denkt er. Er nimmt die Tasche, öffnet sie … und entdeckt darin das Bild der Frau, die er sterben ließ.

Das ist in groben Zügen die Handlung des Films. Ich

gebe sie nicht gut wieder, aber in jener Nacht auf der Bank des Boudon-Kinos erinnerte sie mich an den Satz von Saint-Exupéry: »Das Wichtigste ist, dass uns irgendwo das bleibt, was unser Leben ausmachte, die Bräuche, die Familienfeste, das Haus der Erinnerungen. Das Wichtigste ist, für die Rückkehr zu leben.«

Ich lebte nur für diese Rückkehr.

Ich versprach Monsieur Coularis, das Schuljahr zu beenden. Ich bin in der siebten Klasse. Ich bin siebzehn Jahre alt.

Freundschaftlich vereint sitzen wir vor der Tür bei einer alten Tuareg-Dame, die uns zum Tee eingeladen hat. Sie erzählt uns von der Zeit, als sie noch voller Liebreiz war. Tippelnd geht sie in ihr Schlafzimmer und kehrt mit einem in rotes Leder gebundenen Buch zurück, das sie mir zitternd hinhält: »Ich kann nicht lesen«, flüstert sie freundlich, »aber eines Tages hat mir ein Franzose gesagt, dass in diesem Buch mein Leben erzählt ist.«

Ich schlage das Buch auf und lese den Titel: *Atlantis,* von Pierre Benoît. Sie errötet und sagt leise: »Der Franzose, der es mir geschenkt hat, nannte mich Antinea.«

Sie spricht von der Wüste. Wir alle sprechen von der Wüste: unserem einzigen Bezugspunkt in dieser Stadt, die wir alle nicht mögen. Wir träumen vom Sand und von Horizonten, von der Stille und den Sternen.

Ein Polizist pflanzt sich vor uns auf. Er sagt spöttisch: »Ach, die *Busus* schlafen noch nicht?«

Wir haben ihn nicht kommen sehen. Den Gummiknüppel in der Hand, beschimpft und beleidigt er uns. Wir wollen nicht antworten. Nicht vor einer Frau, die uns ihre Gastfreundschaft schenkt.

»Euch Tuareg werden wir schon auf Trab bringen«, bellt

er und schlägt mit dem Gummiknüppel in seine Hand. »Ihr seid nichts als Wilde!«

Wir trinken unseren Tee. Unsere Hände zittern.

Wortlos stehe ich auf, gehe zu dem Bullen und sage leise zu ihm: »Du hast kein Recht, in Gegenwart einer alten Dame so zu reden. Wenn du dich prügeln willst, können wir uns auf dem Platz vor dem Boudon-Kino treffen.«

Längst haben wir die Beleidigungen des Polizisten vergessen. Wir stehen auf dem Platz bei dem kleinen Ausschank vor dem Kino, trinken, wie jeden Abend, einen letzten Tee, zögern, wie jeden Abend, die Stunde der Trennung hinaus.

Eine Hand knallt auf meine Schulter. Ich drehe mich um. Es ist dieser Drecksbulle. Er ist nicht allein gekommen. Vier andere begleiten ihn. Wie eine Sprungfeder schnellt meine Faust hoch und trifft mit voller Wucht auf den Kiefer dieses Schweinehunds. Die anderen fallen über mich her. Meine Freunde mischen sich in die Prügelei ein. Wir fühlen die Schläge nicht. Blut fließt mir aus dem Mund. Die Scheißkerle prügeln wie die Verrückten. Sie wissen, wo es wehtut. Es gelingt mir, meinen Bullen an der Uniformjacke festzuhalten, ich versetze ihm einen Schlag auf den Kopf. Er befreit sich, zieht seine Pistole und schießt. Ich stürze, den linken Fuß von einer Kugel durchbohrt.

Ich bin im Krankenhaus. Monsieur Coularis steht an meinem Bett. Er sagt mir, dass der Polizist eine Anzeige gegen mich erstattet hat.

»Weißt du, in deinem Fall sollte man keine Dummheiten machen«, erklärt er mir.

In meinem Fall … Es stimmt, ich bin Tuareg.

Ein *Busu,* wie sie sagen.

Der Hass des *Busu* wird immer stärker. Er wächst durch Aussagen von Augenzeugen, von denen ich in Agadez höre, aus Zeitungsberichten, die mir Monsieur Coularis überlässt, nachdem er sie gelesen hat: traurige Seiten der Geschichte des Tuareg-Volks.

Ich erfahre über Mali, dass im Adrar der Iforas, an der Grenze zu Algerien, auf die Tuareg Jagd gemacht wird. Die Soldaten verbrennen die Zelte, verbieten den Karawanenhandel, verminen die Brunnen oder vergiften sie, mähen das Vieh mit Maschinenpistolen nieder. Als Belohnung für ihren Eifer erhalten die Schützen Tuaregfrauen. Beutestücke! Die Tuareg versuchen, sich zu wehren, aber was können sie gegen die Panzer ausrichten?

Fieberhaft sortiere ich diese Dokumente, diese Pressemitteilungen. Ich erfahre weiter, dass Modibo Keita nach seinem diplomatischen Sieg bei der Aussöhnung von Algerien und Marokko von beiden Ländern Unterstützung für die Errichtung einer gemeinsamen Front gegen die Tuareg erhält. Die Repressionen sind erbarmungslos. Die Zivilbevölkerung wird massakriert, öffentlich finden Hinrichtungen ohne jedes Gerichtsverfahren statt, und die wenigen Tuareg, die versuchen, nach Algerien zu flüchten, werden von Präsident Ben Bella an die Regierung Malis ausgeliefert. Die anderen, die ihr Vieh verloren haben und keine Ausbildung besitzen, um gelernte Arbeit zu verrichten, müssen zusammengepfercht in Notunterkünften leben und werden zu Bettlern, allen auf Gedeih und Verderb ausgeliefert.

Ich lese, ich höre nicht auf zu lesen.

Ich erfahre, dass unsere Regierung im Niger, die Regierung Diori Hamanis, vor allem von den Djerma beherrscht wird. Ich entdecke den Brief des Sultans von Agadez und der Oberhäupter verschiedener Gruppierungen der Tuareg an General de Gaulle, in dem sie dagegen protestieren, dass das Land der Tuareg unter verschiedene Staaten aufgeteilt wurde … Ich weiß jetzt, dass während einiger von politischen Führungskräften veranstalteter Treffen die Soldaten Malis unseren Oberhäuptern den Turban vom Kopf reißen, ihnen die *takuba* wegnehmen: die schlimmste aller Entehrungen. Wenn sie die Karawanen für ihre Identitätskontrollen abfangen, sagen sie: »Die Ausweise, bitte!«

Mitten in der Ténéré!

In Tidène herrscht eine andere Sorge. Nach der Dürre haben vorzeitige Regengüsse im April 1968 ein zu schnelles Wachstum der Vegetation zur Folge. Bevor Gräser und Kräuter ihre normale Höhe erreichen konnten, bildeten sie bereits Samen. Diese mittelmäßige Weide genügt nicht, um das Vieh zu ernähren. Die Zelte verlegen? Ein anderes Wadi suchen? Es würde nichts nützen. Die Situation ist überall dieselbe. Es bleibt nichts anderes übrig, als sich von einem großen Teil der Ziegen und Kälber zu trennen und sie an die Metzger von Agadez, die die Region durchkämmen, zu verkaufen.

»In diesem Jahr können wir unsere Kamele nicht nach Bilma schicken«, sagt mein Freund Mawli zu mir, »wir haben nicht genug Gras für das Futter, das sie unterwegs brauchen.«

Im selben Augenblick denken wir beide an Awragh, das Transportkamel, das wir auf der Karawane nach Fachi sterben sahen.

Von Alter und Erschöpfung zermürbt, kniete Awragh sich in den Sand. Geduldig versuchten die Männer, es wieder auf die Füße zu bringen, aber Awragh wollte nichts davon wissen. Es war am Ende seiner langen Reise angekommen. Traurig respektierten wir seinen Willen, allein mitten in der Wüste zu sterben. Ohne einen einzigen Schrei, mit erhobenem Kopf und Tränen in den Augen schaute Awragh lange der sich entfernenden Karawane nach. Dann nahm es seine letzten Kräfte zusammen und schaufelte mit seinen Füßen ein Grab, in dem es friedlich endete. So sterben die Kamele der Wüste. Durch ihren Tod zeigen sie, dass sie ihres Lebens würdig waren.

Ich traue mich nicht, Mawli nach seiner Schwester Mariama zu fragen. Vorhin begegnete ich ihr auf dem Rückweg vom Brunnen. Sie senkte ihren Blick und zog das Tuch fest um ihre Haare. Damit gab sie mir zu verstehen, dass sie mir nie wieder auf dem Rücken meines Kamels in die Dünen folgen würde. Dass wir nie wieder zusammen die Sterne anschauen würden.

»Was gedenkst du jetzt zu tun?«, fragt Mawli harmlos.

»Ich weiß es noch nicht.«

»Hast du den Plan, Lehrer einer Nomadenschule zu werden, fallen gelassen?«

»Ja, Mawli, das habe ich. Ich will nicht, dass sich Kinder wegen mir in eine Gesellschaft verirren, die sie zu Waisen macht.«

»Du bleibst also hier?«

»Nein, Mawli. Ich habe schon zu viel und doch noch zu wenig gesehen. Ich will weiter fort.«

»Wohin?«

»Agadez hat aus mir einen anderen Menschen gemacht, Mawli. Ich weiß jetzt, dass das Tuareg-Volk bedroht und gehetzt wird von einer Verwaltung, die bis zum Äußersten gehen wird, um seinen Stolz zu brechen … Ich will meine Scham und meine Wut nicht mehr hinter meinem *tugul-*

must verbergen. Ich will nach Niamey gehen. Dort werde ich alles verstehen … Vielleicht.«

Das Schwierigste ist, meiner Mutter zu sagen, dass ich wieder aufbrechen will. Nach all den Jahren der Trennung ist sie so glücklich, mich wieder bei sich zu haben.

»Sag mir, Mano, sag mir, dass du nie wieder fortgehst.«

Ich weiß, dass ich ihr wehtun werde, aber ich habe kein Recht, ihr etwas vorzumachen.

»Ich komme wieder. Ich verspreche es dir, ich komme wieder.«

Ihr Gesicht verschließt sich, ihre schmerzenden Finger malen in den Sand, und sie sagt: »Wenn du wieder fortgehst, bist du verloren, mein Sohn.«

»Ich muss fort, *anna.* Du weißt sehr wohl, dass es sein muss«, antworte ich.

Sie wiegt den Kopf. Nichts als diese Kopfbewegung.

In diesem Augenblick wünsche ich mir, ich hätte niemals etwas anderes kennengelernt als dieses Wadi, in dem ich glücklich war, hätte niemals die Schule von Azzel und die von Agadez besucht, hätte niemals die Filme im Kino der Boudons gesehen. Die teuflischen Bilder haben in mir das Verlangen geweckt zu erkennen, was sich hinter den Erscheinungen verbirgt, was es jenseits dieses Freilichtkinos gibt.

Auch meine Brüder und Schwestern machen sich Sorgen. Sie kanzeln mich ab, einer nach dem anderen.

»*Anna* braucht uns alle«, sagt Rhalla, meine älteste Schwester.

»Warum setzt du nicht deine Schulausbildung in Agadez fort«, fällt mein Bruder Feltou rasch ein.

»Agadez ist nicht weit, du kannst oft zu uns zurückkommen«, beharren meine Brüder Eddoua und Rhamer.

Raïcha und Tahédag sagen nichts. Sie weinen.

Ich bringe es nicht übers Herz, meine Entscheidung zu rechtfertigen.

»Also gut«, antworte ich, »ich bleibe in Agadez.«

Ich lüge. Was bleibt mir anderes übrig?

Ich sitze in der Fahrerkabine eines riesigen Berliet und schaue auf die Piste. Die übel zugerichteten Radachsen ächzen bei jedem Buckel. Jähzornig reißen die Räder die Kilometer ab, das Gedröhne des Blechs gellt in den Ohren. Zum ersten Mal in meinem Leben sitze ich in einem Lastwagen. Er gehört einem arabischen Transportunternehmer, und der Fahrer ist einer meiner Vettern.

Im Aïr sind wir alle Vettern.

»Wir haben noch siebenhundert Kilometer guter Piste vor uns«, brüllt er laut, damit wir ihn verstehen können. »Danach kommt die scheußlichste Strecke, hart und gewellt wie ein Waschbrett.«

Die Kabine stinkt vom Diesel, mir ist übel.

Bevor ich Agadez verließ, habe ich mir eine Blue Jeans besorgt, ein kurzärmeliges, kariertes Sporthemd und einen Leinenblouson, in dem ich sorgfältig meinen Personalausweis und das bisschen Geld, das ich von meinem Schülerstipendium abgezweigt habe, aufbewahre. In der Gesäßtasche meiner Hose habe ich die Adressen von Tuareg-Familien, die in Niamey leben, festgesteckt. Die werden mir sicherlich helfen, eine Arbeit zu finden.

Seit mehr als zehn Stunden rasen wir durch eine Landschaft aus Sand und Geröll. Manchmal gibt ein zwischen zwei Steinen eingerammtes Schild einen Hinweis auf die Zahl der Kilometer, die wir seit unserer Abfahrt hinter uns gebracht haben, oder es zeigt an, wie viele Kilometer uns noch von Abalak, von Tahoua trennen: Namen, die ich noch nie gehört habe.

Jetzt sind wir schon seit zwei Tagen unterwegs. Um uns wach zu halten, trinken wir ein Glas Tee nach dem anderen. *Das erste ist bitter wie das Leben, das zweite stark wie die Liebe, das dritte süß wie der Tod,* lautet das Sprichwort. Nachts wickeln wir uns in unsere Decken und schlafen neben dem großen Lastwagen. Wir lächeln im Schlaf. Wir träumen von der Wüste.

Süß wie der Tod.

Am dritten Tag plötzlich das Wunder: Bäume säumen die Piste, wurzeln in einem Boden, der von guter Weide bedeckt ist. Tümpel, Teiche, *Sorghum-* und Hirsefelder. Wir kommen durch Dörfer mit Häusern aus Steinen, Lehm und Stroh. Kinder laufen neben dem Berliet her, bieten uns Zitronen, frische Datteln zum Kauf an. Männer und Frauen, die auf ihren von *Zebus* gezogenen Karren hocken, winken uns zu. Andere machen sich eifrig bei großen Kornspeichern zu schaffen. Darin befindet sich das Korn, das die Karawaniers, die zu einer bestimmten Jahreszeit aus Bilma kommen, auf ihre Kamele laden. Ich habe den Eindruck, den Fuß auf einen fremden Planeten gesetzt zu haben, und dennoch ist dies mein Land. Ich kenne es nicht.

Die Vororte Niameys mit ihren Häusern, die denen in Agadez ähneln. Die gleichen Leute, die gleichen engen, von Kramläden gesäumten Gassen. Obwohl ich wie ein Europäer gekleidet bin, habe ich Angst. Ich fühle mich verwundbar.

Nur im Schritttempo kommen wir voran. Die Straßen öffnen sich wie die Zangen einer Falle. Ich werde zwischen den Mauern der zwei- und dreigeschossigen Häuser eingeklemmt. Wie bringen es Frauen, Männer und Kinder fertig, in solch abscheulichen Wohnblöcken zu leben? Wie können sie hier je hinter das Geheimnis der Sterne kommen?

Vor unseren Rädern begegnen sich die Menschen, weichen einander aus, meiden sich, sind wie Ameisen, die von nirgendwoher kommen und nirgendwohin gehen.

Dann der Höhepunkt: der Fluss Niger, gigantisch und großartig. Ich steige vom Lastwagen, stürze ans Ufer. Ich will ihn von Nahem sehen, seine ganze Größe ermessen, warten, dass er aufhört, seine Wasser vorwärtszutreiben. Wann wird seine Flut versiegen? Er kann doch nicht unentwegt so weiterfließen. Welcher Regen nährt ihn? Wann wird der aufhören? Wann wird der Fluss austrocknen?

Ich falle auf die Knie. In meinem Wadi in Tidène sterben die Tiere an der Dürre.

Niamey sehe ich durch meine Tränen hindurch, sehe seinen Fluss, seine Verkehrsadern, seine vielen Menschen, seine Autos, seine mehrstöckigen Häuser … und habe wieder die entsetzliche Vorstellung, auch hier ein Ausgestoßener zu sein.

Die Menschen, die Dinge versetzen mich in Schrecken. Ich habe Angst, nachts angegriffen zu werden, ich meide die engen Gässchen, mache einen Bogen um Menschenansammlungen, achte auf meine Art zu sprechen, mich zu bewegen, zu leben. Der Anblick einer Gendarmen-, einer Polizeiuniform lähmt mich. Ich komme nur mit denen zusammen, die wie ich jedes Ärgernis zu vermeiden suchen. Sonntags gehen wir auf den Markt am Ufer des Flusses oder fahren nach Ayorou, einem winzig kleinen Dorf, zweihundert Kilometer von Niamey entfernt. Wir quetschen uns in ein Buschtaxi und kommen durchgerüttelt, betäubt und ein bisschen verrückt in Ayorou an.

Dort treffen wir auf Tuareg aus Mali und aus dem Azawagh-Gebiet. Sie leihen uns ihre Kamele, und es ist wunderbar, den Atem der Wüste zu spüren, *tamaschek* zu sprechen, im Chor den kleinen Abzählvers zu singen:

Die Berge Têboût und Tengerenga sind meine Kamelstuten.
Der Berg Adray ist mein Mehari:
Es hat einen Buckel so hoch wie der Adaouda-Berg.
Die Täler von Ad und Taressa sind meine Sattelmatte,
daran hängt meine Schwertscheide mit ihren Fransen,
den Palmen von Tamira.
Die Hügel von Kamîta sind mein Gürtel.

Durch ein Wunder oder mit viel Glück habe ich eine Anstellung bei einer kleinen Luftfrachtgesellschaft bekommen. Mein Freund Moussa, ein Tuareg, hat diesen Job für mich gefunden.

»Job«. Wieder ein Wort, das ich nicht kenne.

Mein Job … mein Job besteht darin, die Papiere für die Verwaltung zu sortieren, Zolldokumente zu überprüfen, zu kontrollieren, ob sich die Waren in einwandfreiem Zustand befinden. Der Franzose, der das Geschäft leitet, schätzt meine Arbeit. Es stimmt, ich bin immer als Erster an Ort und Stelle. Aber das ist leicht, ich habe ein Zimmer neben dem Büro mieten können.

Ich habe mich als Gasthörer in einer Schule eingeschrieben. Ich will weiterlernen, immer weiterlernen. Ich, der ich einen anderen Durst kenne, habe jetzt Wissensdurst.

Abends besuche ich Mathematikkurse zusammen mit einem Franzosen aus Paris, Englischkurse mit einem Amerikaner aus New York. Der Franzose gehört zur Coopération culturelle et technique, zur Gesellschaft für kulturelle und technische Zusammenarbeit, der Amerikaner ist Freiwilliger des *Peace Corps.* Dank den beiden lerne ich im *Sahel,* dem olympischen[12] Schwimmbad von Niamey, einen guten Teil der europäischen und amerikanischen Kolonie kennen: Beamte und Beamtinnen, die in Niamey leben. Da wir alle eher mittellos sind, kochen wir mal bei dem einen, mal bei dem anderen. Durch mich entdecken sie die mit Datteln, Ziegenkäse und scharfem Paprika gefüllten Hirsefladen. Ich lerne durch sie Kalbsragouts, Gulasch und Zitronenkuchen kennen. Es fällt mir schwer, mich an den Gebrauch einer Gabel zu gewöhnen, und es gelingt mir durch verschiedene Tricks, dem nicht durchgebratenen Fleisch zu entkommen. Es verursacht mir Übelkeit, und auch Fisch lehne ich ab, weil der mich an Savanneneidechsen und Sandvipern erinnert. Sehr schnell haben meine Gastgeberinnen meinen Ekel verstanden. Nie mehr sehe ich bei Tisch blutige Steaks, Braten, Hackfleisch, Karpfen, Schleie oder Welse, die sie »Katzenfische« nennen.

Zum ersten Mal fühle ich mich in der Anonymität dieser großen Stadt sicher. Auf den Straßen zeigt man nicht mehr mit dem Finger auf mich; die Freunde achten mich.

»Es war einmal ein Tuareg-Oberhaupt, das Aligurran hieß …«

Ich erzähle ihnen die Legenden, die meine Kindheit gewiegt haben, erzähle von meinem Wadi, von den Karawanen, die nach Bilma ziehen, von den Prüfungen und der Moral der Wüste, von Tidène und dem abendlichen Lagerfeuer im Freundeskreis, von den Frauen, die auf der *tindi* trommeln, um die Männer, die ihre Kamele tänzeln lassen, zu verführen. Ich rühme die Schönheit der Nächte unter dem Sternenhimmel, die Stille der Dünen, die Vergänglichkeit und Unendlichkeit der Zeit. Auf die Papiertischtücher schreibe ich ihnen die Buchstaben des *tifinar*-Alphabets, lehre sie die Namen der Tiere, die um die Zelte streifen: *achankad,* die Gazelle, *aggour,* der Schakal, *aridal,* die Hyäne, *amayas,* der Gepard …

Mein Heimweh weckt das ihre. Mit geschlossenen Augen beschreiben sie ihre Bouquinisten an den Ufern der Seine, ihre Kneipen in Paris, ihren Place Furstenberg und Place de la Concorde, beschreiben New York und seine kleinen Steinbrücken, die über die Seen des Central Parks führen, die Saint-Patrick-Kathedrale, die Bronx, Harlem und Manhattan …

Mein Leben ist aufgeteilt zwischen diesen warmherzigen Zusammenkünften am Abend, meiner Arbeit bei der Luftfahrtgesellschaft, meinen Französisch-, Mathematik-, Englischkursen, meiner Abendschule.

Ich bin auf allen Festen, auf allen Empfängen. Jeder will diesen Tuareg-Erzähler an seinem Tisch haben, der die Sonne in den Sand zaubern und die Ängste auslöschen kann.

Sie wissen nicht, dass mein Herz in der Wüste geblieben ist, was immer ich sage, was immer ich tue.

9

Ein solches Leben schien mir aber doch etwas unbestimmt zu sein. Es gelang mir nicht wirklich, mich in die Köpfe der Menschen hineinzuversetzen und herauszufinden, was sie von mir dachten. Einmal war ich der Mano, den ich aus freien Stücken geschaffen hatte, um ihre Neugier zu befriedigen, und dann der Mano, den ich aus Ehrgefühl nicht zeigen wollte: den stolzen und scheuen Menschen, der immer hinter seinem *tugulmust* verborgen bleiben würde.

Eines Tages kamen zwei Gendarmen ins Büro.

»Warum haben Sie Ihrem Einberufungsbefehl nicht Folge geleistet?«, fragten sie mich.

Ich verstand sie nicht. Ich fühlte mich ausgeliefert. Von Neuem erlebte ich den Tag, an dem zwei andere Gendarmen gekommen waren, um mich aus meinem Wadi zu reißen und in die Nomadenschule zu bringen.

»Ich habe nichts Böses getan!«

Derselbe Schrei, den ich damals in den Armen meiner Mutter ausgestoßen hatte: »Ich habe nichts Böses getan!«

Einer der Gendarmen zog ein rosafarbenes Blatt Papier aus seiner Ledertasche und hielt es mir hin: »Sie werden seit zwei Monaten gesucht«, sagte er trocken, »Sie sind aufgefordert, Ihren Militärdienst abzuleisten.«

Wie konnte man von mir verlangen, zur Armee zu gehen?

Ich sah die Gendarmen an und begriff, dass mir keine andere Wahl blieb. Ich musste gehorchen.

Ich bin mit einer grauen Uniform bekleidet. Sie haben mir die Haare abgeschnitten, und ich trage ein Gewehr, das ich in vorgeschriebener Zeit zerlegen und wieder zusammensetzen muss: Gewehrverschluss, Schlagbolzen, Sicherungshebel. Ich muss im Gleichschritt marschieren, meine Vorgesetzten grüßen, nächtliche Kontrollrundgänge machen …

Ich bin ins Ausbildungszentrum von Tondibiah beordert, fünfzehn Kilometer westlich von Niamey. Es liegt am Ufer des Niger. Abends nach dem Dienst setze ich mich an den Fluss und träume in sein Fließen hinein. Schon seit zwei Jahren habe ich meine Familie nicht mehr gesehen. Was macht meine Mutter in diesem Augenblick? Ist sie mit dem Lager fortgezogen? Wie sind die Weiden? Der Fluss beruhigt mich. Auch er ist Nomade, auch er wird Gegenden durchqueren, die er in dieser Sekunde, da er zu meinen Füßen dahinfließt, noch nicht kennt.

Ich habe beschlossen, mich den Forderungen der Armee zu beugen. Dieses Mal will ich mich an die Spielregeln halten. Ich melde mich zum Vorbereitungsdienst für Unteroffiziere, und ich erreiche, Ironie des Schicksals, den Dienstgrad eines Instruktionsunteroffiziers in der nigerischen Armee. Ich bin bei allen Prüfungen der Beste, werde Eliteschütze, werde zum Wachtmeister befördert.

Wenn ich Ausgang habe, fahre ich immer nach Niamey, wo ich mich mit meinen Freunden treffe und vor allem mit Nancy, einer zierlichen Amerikanerin, die mir mein Englisch verbessern hilft. Es ist Liebe auf den ersten Blick. Ich erfahre, dass mein Herz heftig schlagen kann bei dem Gedanken, sie zu sehen oder sie zu verlieren. Wir sind ineinander verliebt, oder vielmehr, wir sind in die Liebe verliebt. Indem ich ihr zuhöre, besichtige ich Chinatown, Little Italy, gehe die Fifth Avenue hinunter und verliere mich dann auf dem Broadway. Sie lässt sich tief in die Ténéré führen, besucht meine Oasen, wird Gazelle unter meinen Händen. Jedes zweite Wochenende stürze ich mich in ein Buschtaxi und fahre zu ihr nach Niamey, verlasse sie am Sonntag, um in die Kaserne zurückzukehren. Wir haben keine Zeit, Konflikte auszutragen, die aus unseren unterschiedlichen Kulturen entstehen. Im Fieber unserer Nächte vergesse ich die Sahara, sie vergisst ihre Wolkenkratzer. Nur unsere Kinderspiele zählen.

Endlich werde ich aus dem Militärdienst entlassen. Allerdings noch nicht ganz. Seyni Kountché, der damalige Generalstabschef, will mich für die Armee verpflichten. Ich erfahre, dass er mich für die Gruppe der Männer ausersehen hat, mit deren Unterstützung er später seinen Staatsstreich durchführen und sich zum Präsidenten der Republik Niger ernennen wird. Noch einmal muss ich kämpfen. Ich will die Armee verlassen, ich hasse Befehle. Der Kommandant des Ausbildungszentrums, ein französischer Offizier, wird mein Anwalt!

»Mano Dayak ist kein guter Angehöriger der Armee. Vergessen Sie nicht, dass er Tuareg ist. Er kann nicht Soldat sein, denn in seinem Kopf ist er Nomade geblieben.«

Das beste Plädoyer. Dank meines »Makels« erlange ich meine Bürgerrechte wieder. Ich bin ein freier Mann.

Ich feiere meinen zwanzigsten Geburtstag.

Nancy hat begriffen, dass ich Nomade bin. Wortlos ließ sie mich fortgehen. Sie weiß, dass ich die Wüste wie eine zweite Haut brauche. Auf der Türschwelle sagte sie nur: »Ich weiß, dass wir uns wiedersehen werden.«

Jeder Schritt, der mich dem Wadi näher bringt, in das meine Mutter ihre Herde geführt hat, verzaubert mich. Der kleinste Grashalm, die geringste Bodenunebenheit machen mich glücklich. Ich finde endlich zum Gebrauch meiner Lungen zurück.

Meine Mutter steht vor ihrem Zelt. Sie trägt ihre Festtagskleidung. Sie schaut mich an und lächelt. Ich weiß, dass sie mir am liebsten entgegenlaufen und mich in ihre Arme nehmen würde, aber aus Schamhaftigkeit verbirgt sie ihre Gefühle. Langsam kommt sie mir entgegen. Ihr Blick ist voller Fragen, Fragen, die sie sich während meiner Abwesenheit gestellt hat. »Mano, sag mir, dass du dich nicht verändert hast«; »Mano, sag mir, dass du jetzt nie wieder fortgehen wirst.«

Ich steige vom Kamel und drücke sie an mich. Ihre Schultern sind zerbrechlich wie die Schultern aller Alten. Die Zeit hat die vier Jahre, die wir voneinander getrennt waren, vervielfacht. Ich rechne kurz nach. Sie ist jetzt dreiundsechzig Jahre alt. Sie ist geschwächt. Das Lager hat sehr unter der Dürre gelitten, die die Tuareg-Gebiete heimsucht. Es gibt nur wenige Weidegründe, und viele Tiere sind verendet.

Mein Bruder Eddoua holte mich in Agadez ab, ich legte meinen *Saroual,* mein Übergewand, meinen *tugulmust* und das Schwert meines Vaters an. So ausgestattet, fühle ich mich wie neugeboren.

»Wie jung du bist, Mutter!«

Sie wendet das Gesicht ab. Sie will nicht, dass ich sie weinen sehe.

Jetzt kommen auch meine Brüder Feltou und Rhamer herbei und drücken mich lange an ihre Brust. Raïcha und Tahédag begrüßen mich innig. Sie riechen nach Myrte.

Sie sind alle da, meine Freunde der Wüste: Mawli, Amghar, Kadi, Faranjani, Warta, Moussa, Tano, Bala, Issouf … und die anderen, die aus allen Ecken des Aïr herbeigeeilt sind, um meine Rückkehr zu feiern.

Und dieses Fest dauert drei Tage und drei Nächte mit dem abendlichen Zusammensitzen am Feuer, mit den Sternen und dem Mond, den Wüstenabenteuern auf den Kamelrücken, den Dünen von Tirsal, in denen zuweilen der Teufel und der Stier ohne Kopf umherstreifen.

Drei Tage und drei Nächte, in denen wir die Dschinns herausfordern, den *ahal* zelebrieren, den Dämonen Iblis preisen, der die verbotene Liebe zu den Geliebten einer Nacht, den jungen Mädchen oder den treulosen Frauen, entfesselt.

O edle Äpfel! O Schilfrohrgestalten!
Frauen von vollendetem Wuchs
mit farbenprächtigem Gürtel und schwarzen Brauen …[13]

Von Niamey erzählen, von seinem Fluss und von all dem, was ich gesehen habe? Wozu? Das würde nur den Zauber zerstören: den Zauber, zu Hause zu sein.

Nichts ist schmerzvoller, als meiner Mutter meine Absicht zu eröffnen, dass ich nach Europa und danach in die Vereinigten Staaten aufbrechen will.

»Mutter, es ist stärker als ich. Bitte verstehe mich. Ich muss sehen, was in den Ländern dort geschieht.«

Und um sie zu beruhigen, sage ich leise: »Wohin er auch gehen mag, der Nomade kehrt immer zum ersten Lagerplatz seines Lebens zurück. Ich werde bald wiederkommen.«

Sie wendet ihren Blick nicht von ihren Händen, Hände, die mich das *tifinar*-Alphabet lehrten; Hände, die nun zu nichts mehr taugen …

»Die Welt ist ein Mühlstein«, sagt sie und streichelt dabei meine Wange. »Sie wird dich zermalmen, Mano!«

Am Abend summt sie lange, eintönige Lieder, die sie auf der *imsad* begleitet und die traurig sind wie der Wind. Es ist eine Qual, sie diese Lieder improvisieren zu hören, die sie eins nach dem anderen aus dem Bündel ihrer Erinnerungen holt.

Am Tag meiner Abreise ist sie als Erste aufgestanden. Sie

hat ihr Kamel gesattelt und danach auch meins und das meines Bruders Eddoua.

»Ich begleite euch bis Agadez«, sagt sie ernst.

Ich schweige. Kann ein Sohn seine Mutter daran hindern, das zu tun, wozu sie sich entschlossen hat?

Nicht ein einziges Mal bat sie während dieser zwei Tage dauernden Reise um einen Augenblick des Ausruhens. Um uns Ehre zu erweisen, sitzt sie aufrecht in ihrem Sattel, bemüht sich um eine regelmäßige Gangart ihres Kamels.

Bei anbrechender Nacht halten wir in einem schönen Wadi mit feinem, weißem Sand. Mit Blättern der Dumpalme und Akazienholz machen wir ein Feuer und legen unsere Weizenfladen in die Glut. Die Nacht ist wundervoll mit all ihren Sternen: Der Führer und die Plejaden, die Sieben Töchter der Nacht, geben sich ein Stelldichein. Vielleicht führen sie die Seele meines Vaters auf Allahs Weg.

Am nächsten Tag kommen wir bei meiner Schwester Rhalla in Agadez an. Sie hatte Tidène aus Liebe zu einem Tuareg verlassen, den sie dann in Agadez heiratete. Jetzt lebt sie mit ihren Kindern von diesem Mann getrennt in einem Zelt, das sie auf einem von der Stadtverwaltung gepachteten Stückchen Land aufgestellt hat. Sie wollte nicht in ein Haus aus *banco* ziehen. Sie muss frische Luft atmen können unter Palmen, ihre Seele braucht die grenzenlose Weite.

Ich widme meine Zeit meiner Mutter und zeige ihr die Stadt; wir beschränken uns allerdings darauf, Tuareg anderer Stämme aufzusuchen, die zum Verkauf ihrer Tiere auf den Markt kommen. Meine Mutter geht von einem zum anderen, erkundigt sich nach der Gesundheit eines jeden, redet Stunden und Stunden mit ihnen. Sie betäubt sich mit Worten, um nicht an meine baldige Abreise denken zu müssen.

Während meine ältere Schwester ihr die wunderschöne Moschee von Agadez zeigt oder sie zum Stoffkauf in die engen Gassen führt, laufe ich zu allen Transportunternehmen, die nach Norden fahren.

»Haben Sie nicht einen Platz für mich? Ich bin kräftig. Ich könnte das Abladen der Lastwagen übernehmen.«

Sie lehnen mein Angebot ab: »Zu jung!« – »Nicht genug Erfahrung!«

Der wirkliche Grund aber ist ihre Angst, an der Grenze durch die Polizeischikanen, die dort jeden Tuareg erwarten, aufgehalten zu werden.

Es gibt aber noch diesen libyschen Händler. Den kennt der Vetter des Vetters, der mich nach Niamey mitgenommen hat. Er soll in der nächsten Woche ankommen. Vielleicht ist er damit einverstanden, mich bis Tamanrasset mitzunehmen?

Ich habe nur einen kleinen Notgroschen in der Tasche. Ein Teil setzt sich aus den Beträgen zusammen, die ich vor meinem Militärdienst sparen konnte, den anderen haben mir ehemalige Kameraden aus der Schul- und Leidenszeit geliehen. Wie werde ich den Lastwagenfahrer, meine Reise von Tamanrasset nach Algier, das Schiff von Algier nach Marseille, meinen Aufenthalt in Paris, mein Flugticket in die Vereinigten Staaten bezahlen können?

Ich weigere mich, daran zu denken. Ich bin zwanzig Jahre alt.

Der libysche Fahrer willigt schließlich ein, mich in seinem Lastwagen mitzunehmen, aber er will vor der Abreise meinen Pass und mein Visum sehen. Um beides zu erhalten, musste ich Dutzende und Aberdutzende von Verhören über mich ergehen lassen: »Wohin willst du?« – »Was willst du in Tamanrasset?« – »Ein *Busu* sollte seine Kamele und Ziegen nicht verlassen!« – »Zeig uns noch deinen Wehrpass!«

»In Ordnung, du kannst einsteigen!«, sagt der Fahrer und gibt mir meine Papiere zurück. »Das macht sechstausend Francs.«

Dadurch werden meine kleinen Ersparnisse bereits beträchtlich angegriffen!

Der Lastwagen ist ein Sattelschlepper, der auf zwei Ebenen mit mageren Schafen beladen ist, die den Hirten im Aïr zu einem niedrigen Preis abgekauft wurden. Die Tiere sind durch die große Dürre ausgehungert. Man hat sie übereinander zusammengepfercht, und sie blöken klagend bei jeder Radumdrehung. Drei Hausa hocken oben auf den Rüstleitern und müssen die Schafe, die unterwegs sterben, aussortieren. In der Fahrkabine richten der Fahrer und sein libyscher Begleiter nur das Wort an mich, um mich zu bitten, neben ihnen so wenig Platz wie möglich einzunehmen.

Ich sitze gegen die Tür gequetscht und schweige. Was soll ich anderes tun?

Wir fahren durch das Tal von Teloua, dann durch das von Tamazélak. Überall dieselbe Verzweiflung. Ausgetrocknete Wadis, verdorrte Weiden, einige bis zu Skeletten abgemagerte Ziegen, die etwas Flechte knabbern, Zelte, der Savanne preisgegeben, die sich in eine Wüste verwandelt. Die Waschbrettpiste, die Motorhaube zittern unter der zurückgestrahlten Hitze.

Wir halten am Brunnen von Gougaram, um etwas Wasser aufzunehmen. Acht Schafe sind verendet, und um die anderen zu tränken, schieben die Hausa durch die Gitterstäbe Schüsseln mit abgestandenem Wasser, die von den vollkommen verschreckten Tieren umgetrampelt werden.

Wir kämpfen uns auf der Piste nach Arlit voran, werden durchgerüttelt. Lastwagen mit gigantischen Rädern begegnen uns. Sie werden von Jeeps der nigerischen Armee begleitet, da sie Uranerz transportieren, das man hier den Eingeweiden der Wüste entreißt. Überall verbieten bewaffnetes Militär und Schilder den Eintritt in diese Zone, durch die vor 1968 noch der Weidepfad der Herden verlief, die aus dem Aïr-Massiv kamen.

Bei einer Straßensperre müssen wir anhalten. Soldaten richten ihre Maschinenpistolen auf uns und beginnen, uns zu durchsuchen.

»Woher kommt ihr? Wohin wollt ihr?«

Sie reißen unsere Pässe an sich, kontrollieren sie misstrauisch Punkt für Punkt, wollen sie uns nicht wiedergeben.

»Beim letzten Wachtposten kriegt ihr sie zurück!«

Wir steigen wieder in den Lastwagen. Eskortiert von den bewaffneten Männern, fahren wir im Schritttempo eine auf beiden Seiten vergitterte Straße entlang. Wir begegnen zerlumpten Kindern, Frauen und Männern, Nomaden, die auf ihrer Suche nach Arbeit hierher gekommen sind, Tuareg, *Fulbe,* die die Dürre aus ihrer Heimat vertrieben hat. Elendsgestalten mit leerem Blick, die Schlange stehen, um eine Arbeit in den Minen zu bekommen, und sei es auch nur für einen Tag. Sie sind zu Tausenden gekommen, leben hier von Almosen, schlafen in Pappkartons, entsetzliche, von Stacheldraht umgebene Elendsquartiere. Am unerträglichsten ist der Anblick dieser alten Tuareg-Frauen, die ihre Hand durch die Umzäunung strecken und um etwas Essen betteln. Betteln: Zeichen allerschlimmster Zerrüttung. Allergrößten Leids.

Ihre Schande tut mir weh. Und ich kann nichts tun.

Wir sind wieder auf unserer Piste. Ich schließe die Augen und denke an die Irrtümer des Tuareg-Volks. Die Tuareg müssen den Kampf, den sie zur Verteidigung ihrer Kultur, ihres Stolzes geführt haben, teuer bezahlen. Da sie jede Schulausbildung ablehnten, konnten sie auch keine Arbeitsplätze bekommen. Die haben heute die Leute des Südens inne, die sich unterzuordnen wussten. Ihre Eigenliebe hat die Tuareg an den Rand jeder Gesellschaft gedrängt, hat sie daran gehindert, sich zu integrieren. Drangsaliert, verachtet, gedemütigt, nichts ist ihnen geblieben. In Arlit wurde ihnen wie überall der Boden entzogen.

Der Fahrer, wütend über das Verhalten der Polizisten von Arlit uns gegenüber, beginnt ein Gespräch. Auch er scheint über das Elend der Tuareg-Frauen in Arlit schockiert zu sein. Als wir eine Weile gefahren sind, sagt er: »Bevor ich Fahrer wurde, diente ich in der libyschen Armee. Es blieb mir keine andere Wahl. Auch ich bin aus der Wüste wie die, die wir eben in Arlit gesehen haben.«

Seine Stimme ist matt. Ich kann kaum verstehen, was er sagt.

»Mein Vater war Libyer … Meine Mutter Berberin. Sie sind beide tot …«

»Wie heißt du?«

»Ich heiße Ahmed«, sagt er und drückt meine Hand.

Der Sattelschlepper hat Geschwindigkeit gewonnen. Fünfzig, sechzig, siebzig Stundenkilometer, das richtige Tempo auf der Waschbrettpiste. Von Zeit zu Zeit weisen Schilder darauf hin, dass wir uns der Grenze zu Algerien nähern.

»Wir werden am nigerischen Grenzposten von Assamaka

anhalten«, sagt Ahmed zu mir. »Bleib vor allem ruhig. Hier sind die Grenzposten und die Polizisten nervös.«

Die Piste ist durch einen Steinhaufen versperrt. Wir müssen in einen Teilabschnitt der Straße einbiegen, der zu einem Barackenlager führt: dem Polizeiposten, dem Zoll und der Gendarmerie. Soldaten umringen den Lastwagen, machen uns Zeichen auszusteigen. Kaum haben wir unseren Fuß auf die Erde gesetzt, stürzen sich die Gendarmen, die Brust mit Patronengürteln gepanzert, auf uns und beginnen, uns zu durchsuchen. Dem Libyer und seinen Begleitern hatten sie befohlen, aus dem Lastwagen zu klettern, und drücken sie nun gegen die Plattform des Wagens.

Danach werden wir in eine Baracke gestoßen und einem scharfen Verhör ausgesetzt.

»Wohin fahrt ihr? … Wem verkauft ihr die Schafe? … Alter? … Wo geboren? … Name der Eltern!«

Jetzt bin ich an der Reihe.

»Wie hast du dir den Pass und das Visum beschafft? … Wie kommst du dazu zu verreisen? Ein *Busu* taugt gerade mal zum Kamelhüten.«

Sie schubsen mich auf einen eisernen Stuhl, gehen um mich herum, zwingen mich aufzustehen, mich wieder hinzusetzen, wieder aufzustehen.

Ich darf vor allem keine Reaktion zeigen. Ich kenne diese Männer. Sie sind Straftäter, die alle in der nigerischen Armee zwangsweise ihre Strafe abbrummen, Hitzköpfe, die nichts so hassen wie die Tuareg.

Nach drei Stunden »Formalitäten« sind wir endlich wieder frei. Wir können nun die Vorgebirge des Hoggar in Angriff nehmen. Nie ist mir die Wüste mit ihren geriffelten Dünen, der roten Sonne, ihren kraterähnlichen Wadis schöner vorgekommen. Wie immer, wenn der Tag der

Nacht weicht, fühle ich mein Herz bedrängt von einer Art Angst und zugleich voll Freude und Sehnsucht. Das lässt sich, Lob und Dank sei Gott, nicht in Worte fassen.

Die Umgebung von Tamanrasset an der willkürlich festgelegten Grenze, die sie von ihrer Zwillingsstadt Agadez trennt. In den Wadis, an denen wir entlangfahren, finde ich dieselben Landschaften wie im Aïr: große Gebirgsmassive aus Basalt, vulkanische Bergspitzen, die aus dem ockerfarbenen oder weißen Sand herausragen, Tamarisken und die Klage des Windes in ihren zerzausten Ästen. Ich begegne den gleichen Tuareg wie auf den Pisten des Niger. Wir sprechen dieselbe Sprache, besitzen dieselbe Kultur, kennen dieselbe Not, denselben Reichtum.

Was fehlt dir, nackter Mann?
»Ein Ring, mein Fürst!«

Diese beiden Zeilen aus der Sahara würden genügen, um die Gefühle zu beschreiben, die ich mit diesen Frauen und Männern teile: Gefühle, die die Wüste unsere Herzen in Bescheidenheit gelehrt hat.

Hundert Kilometer vor Tamanrasset lässt Ahmed mich am Rand der Piste aussteigen.

»Viel Glück, Mano!«

Mit seinem alten Lastwagen fährt er nach Libyen weiter. Ich werde ihn wahrscheinlich nie wiedersehen.

Auf meine Bitte hin hat er mich bei dem Festungsturm des Père de Foucauld abgesetzt. Ich besichtige ihn zusammen mit anderen Touristen, geführt von einem Priester namens Michel. Er sagt uns seinen gut gelernten Text auf, zeigt uns in der Mauer die Einschlagstelle der Kugel, die den frommen Mann tödlich traf. Am nächsten Tag begebe ich mich zur Einsiedelei des Père de Foucauld im Assekrem-Massiv. Von der Höhe dieser Festung schweift mein Blick über die Wüste unter mir, über ihre vulkanischen Bergspitzen. Mehr als zweihundert Kilometer weit dehnt sie sich aus. Ich glaube zu fliegen, zu schweben. Vor so viel Schönheit verschlägt es mir den Atem.

Warum muss ich dies alles verlassen?

Unter den Touristen bemerke ich einen kleinen rothaarigen Mann. Eben sah ich ihn aus seinem Land Rover klettern und war über seine Zerbrechlichkeit erstaunt. Fast hätte man meinen können, er sei der von Saint-Exupéry gezeichnete Kleine Prinz. Die gleiche Gestalt, das gleiche Haar. Ich gehe auf ihn zu und reiche ihm die Hand.

»Guten Tag, ich heiße Mano Dayak. Ich bin Tuareg aus dem Niger. Und du, wie heißt du? Aus welchem Land kommst du?«

Ohne Weiteres habe ich ihn geduzt. Das scheint mir normal, er sieht aus wie ein Kind. Überrascht schaut er mich an. Ich bin darauf gefasst, dass er sagt:

»Bitte, male mir ein Schaf.«[14]

»Ich bin Franzose«, antwortet er. »Ich heiße François … François Siegel.«[15]

Er spricht von der Wüste wie von einer schönen Frau. Seine Worte sind frei und ungezwungen, als er mir die Dünen beschreibt, die Sonnenuntergänge, die Oasen von Ghardaïa, die lieblich sind wie ein Wohlgeruch.

»Kennst du sie?«, fragt er mich unvermittelt.

»Nein, ich kenne sie nicht.«

Ich sitze in seinem komischen Auto, das er seinen 4×4 nennt. Es erinnert mich an den Land Rover von Monsieur Coularis, doch ist dieses Auto mit allem ausgestattet, was man benötigt, um gegen die Wüste zu kämpfen: Platten, um das Auto aus dem Sand zu bekommen, reihenweise Benzinkanister, Wasserkanister, ein Funkgerät und ein Kompass, zwei Radiogeräte, Schutzplanen, Camping-Gasflaschen, Konserven, gefriergetrocknete Lebensmittel, Tuben mit Mayonnaise, Tomatenmark, Kondensmilch. Ich bin von diesem Maschinenpark fasziniert. Wozu würde das alles auf den Pisten, die nach Bilma führen, nützen?

François ist stolz auf sein Auto. Er erklärt mir Tricks, von denen ich keine Ahnung habe: Um Löcher im Benzintank zu stopfen, nimmt er Seife und Datteln, bei undichten Stellen im Kühler greift er zu gemahlenem Pfeffer, geplatzte Reifenschläuche füllt er mit Sand. Um mir eine Freude zu machen, steckt er eine Kassette in den Radiorecorder. Mit einem Schlag wird mir klar, wie verletzlich die Menschen der Wüste sind. Was wird aus ihnen, wenn eines Tages die Rolling Stones, die Bob Marleys oder die Jimi Hendrix ihre Zelte heimsuchen? Wenn eines Tages die Milch in Tuben zu ihnen kommt, wenn Uhren mit Leuchtziffern die Sterne ersetzen?

Nach Kilometern und Kilometern setzt mich François Siegel in El-Menia ab. Bevor wir uns trennen, tauschen wir unsere Adressen aus: Tidène, irgendwo im Aïr, Paris, irgendwo im Gewirr seiner Straßen der Zivilisation.

»Ich erwarte dich dort bei mir zu Hause«, sagt er sehr freundlich. »Gute Reise und viel Glück!«

Ein Lastwagen, ein zweiter, ein dritter nehmen mich per Anhalter mit. Je näher ich den großen Städten der Sahara komme, desto mehr Nomaden treffe ich, die ihr mageres Vieh am Rand der Piste vor sich hertreiben und in notdürftigen Zeltlagern, denen von Arlit ähnlich, zusammengepfercht leben. Mit leerem Blick gehen sie dahin, schauen nicht nach rechts und nicht nach links. Sie haben keine Illusionen mehr. Sie haben ihre Träume verloren.

Mit seinen Palmenhainen, seinen Gärten, in denen alle möglichen Arten von Gemüse und Obst wachsen – Tomaten, Kopfsalat, Auberginen, Melonen –, ist Ghardaïa ein herrliches Trompe-l'œil, eine optische Sinnestäuschung, wie eine Entschuldigung für die Gas- und Erdölvorkommen, die in Hassi-R'Messaoud von großen Gesellschaften gefördert werden. Dort kommen die Krakenarme der Ferngas- und der Erdölleitungen aus dem Erdboden und kriechen ihm entlang, bis sie sich in einer gezähmten Wüste in Richtung Arzew, Oran, Algier verlieren. Aber schön sind die Oasen in dieser Region des Mzab, wo noch die Mozabiten leben, muslimische Berber, die unerbittlich in die Emigration gezwungen werden, in die großen Städte, die sie verschlingen werden. Die Dattelpalmen brechen unter der Last ihrer Früchte, Wasser rieselt in den Gärten, und unter den Fotoapparaten der Touristen werden Dschellabas geschneidert, und »Souvenirs« aus Kupfer oder Gürtel und Brieftaschen, in der Fabrik hergestellt, werden als »Kunsthandwerk« angeboten.

In den alten Straßen Ghardaïas entdecke ich verschleierte Frauen. Ich wage kaum, sie nach dem Weg zu fragen. Ich fühle, dass sie hinter ihren schwarzen Schleiern eingesperrt sind. Die Greise, die auf ihren Eseln dahergetrottet kommen, faszinieren mich. Mit ihren langen Bärten sehen sie aus wie die Propheten auf dem Bild *Die Flucht nach*

Ägypten. Von dieser Flucht erzählte mir einmal Pater Grenier, ein Freund von Monsieur Coularis: »Um Jesus und seine Mutter vor den Verfolgungen des Herodes zu schützen, wählte Joseph für die beiden die Wüste als Exil …«

Die Wüste als Exil? Heute tun mir diese Worte so weh.

10

Mit einer Wolke aus Hitze und Lärm empfängt mich Algier, als ich aus dem Bus steige, den ich am Ortsausgang von Ghardaïa genommen hatte. In meiner Hosentasche habe ich die Adresse eines Franzosen, den ich einige Tage nach meiner Begegnung mit François Siegel in Tamanrasset traf. Er heißt Paul Faisant. Mit einem Sturzbach von Worten erzählte er mir seine Kindheit in Algier.

»Ich wurde in der Rue Marengo zwischen der Rue Genina und der Rue Barbarossa in der unteren *Kasbah* geboren. Ich kannte alle Händler meiner Straße … Dann brach der Algerienkrieg aus …«

Der Algerienkrieg. In diesem Krieg starben seine Eltern. Seine Mutter wurde Opfer der OAS, sein Vater Opfer der FLN. Eine Handgranate, eine verirrte Kugel. Unrecht, absurd.

»Trotz allem«, sagte er, »könnte ich dieses Land nicht verlassen. Ich liebe es. Kannst du das verstehen?«

Paul Faisant ist Lehrer am französischen Gymnasium in Algier. Er erwartet mich mit seinem herzlichen Lächeln und der Überschwänglichkeit eines Algerienfranzosen am Busbahnhof.

Er hält mich lange umarmt und sagt: »Komm, bevor ich

dir die Stadt zeige, fahren wir nach Sidi-Ferruch. Dorthin sind meine Eltern mit mir immer in die Ferien gefahren.«

Während der Autofahrt überschüttet er mich ununterbrochen mit freundschaftlichen Worten und Empfehlungen: »Hast du dir meine Adresse aufgeschrieben? Meine Telefonnummer? Hüte dich vor jedermann auf den Straßen … Geh nachts nicht mehr hinaus …«

Wir biegen in eine breite, von Eukalyptus und Palmen gesäumte Allee ein. An deren äußerstem Ende … das Meer!

Das Meer. Mich packt ein Schwindel, ich empfinde Furcht und Ehrfurcht vor all der Bläue, die Welle auf Welle das Ufer benagt, mit dem Himmel verschmilzt, sich im Unendlichen verliert. Vor meinen Augen breitet sich eine Wüste aus, die ich nicht vermutete. Hastig reiße ich mein Hemd vom Leib, ziehe meine Schuhe aus, renne auf den Strand und stürze mich in die Fluten. Schnell tauche ich wieder auf und spucke das verschluckte Wasser aus. Ich hätte nie gedacht, dass es so salzig ist und dass es, wie die Wüste, Menschen vor Durst umkommen lassen kann.

Ich schwimme einfach geradeaus. In diesem riesengroßen Meer spüre ich meinen Körper nicht mehr. Ich will so weit schwimmen, wie ich kann, will mich in den Fluten verlieren, will tauchen, um zu sehen, was die Meerestiefen verbergen. Ich plansche im Wasser herum, gerate außer Atem und werde von einem Krampf gepackt. Die Menschen am Strand gestikulieren, schreien mir Worte zu, die ich nicht verstehe. Vergeblich versuche ich, wieder ans Ufer zu kommen, teile in panischer Angst das Wasser mit beiden Armen. Plötzlich berühren meine Fersen den Sand. Ich fasse Grund. Ich bin gerettet. Fast wäre ich im Meer ertrunken, als ich es zum ersten Mal sah.

Spät am Nachmittag besichtigen wir Algier, die breiten Avenuen, den Hafen, der von Schiffen wimmelt, die Souks mit ihrem Gewirr von Gassen, Kramläden und kleinen Werkstätten. Auf den Türschwellen rauchen die Händler ihre Wasserpfeife, legen Tarotkarten oder spielen Schach, laden sich gegenseitig zu heißem Pfefferminztee ein. Überall riecht es nach Gewürzen und getrocknetem Jasmin. Später kommen wir bei der Großen Moschee vorbei. Es ist die Stunde, in der die Muezzins ihre Gebete von einem Minarett zum anderen rufen, in der sich die Gläubigen, nach Mekka gewandt, auf den Boden werfen und den Segen Allahs erflehen. Es ist die Stunde, in der sich die Sonne auf das Meer legt und es in die Farbe des Blutes taucht.

Ich habe endlich eine Überfahrt nach Europa gefunden, auf einem alten Kahn, der zu seiner letzten Reise von Oran nach Alicante antritt. Mit meinem wenigen Geld kann ich mir keine Kreuzfahrt auf dem Mittelmeer leisten, nicht einmal einen Schlafplatz. Ich bin an Deck und beobachte das Meer, versuche, es zu verstehen. Wie kann man sich auf diesen Wassermassen orientieren, die der Bug des Schiffes in parallele Furchen teilt? Zweifellos auf dieselbe Weise, wie es einem Karawanier gelingt, seine Kamele durch die Wüste zu führen. Auf dem Meer oder in der Wüste: Die Seeleute, die Nomaden sind Gottes Gäste.

Alicante ist meine erste europäische Stadt, mit ihren Spaniern, die ich nicht verstehe, die ein Lächeln, einen Händedruck verweigern.

»*Puede pasar su camino, yo no conozco usted.* Gehen Sie Ihres Weges. Ich kenne Sie nicht.«

Um zu vergessen, trinke ich mehrere Viertel *Grenache.*

Am übernächsten Tag nehme ich den Zug nach Madrid, der Hauptstadt des Königreichs Spanien. Ein überlebtes Königreich. So jedenfalls sehe ich diese Stadt mit ihren Hidalgos in ihren *Croiséanzügen,* die für Banken oder Immobilienmakler arbeiten, und ihren Carmencitas mit geschminkten Mündern und aufgehellten Haaren.

Ich sitze im Zug, der mich nach Frankreich bringt. Die Leute lächeln mich an, einige sprechen mit mir: »Sie sind Tuareg. Ach, *Lawrence von Arabien* mit Peter O'Toole! Haben Sie den Film gesehen?«

Ein sinnloses Geplapper zum gleichmäßigen Metronomschlag der Waggons auf den Schienen, das mich Zeit gewinnen lässt. Ich stehe auf dem Gang, lehne am Fenster und betrachte die vorbeiziehende Landschaft mit ihren Wiesen, Wasserläufen, Talbrücken, Dörfern, die in ihrer eigenen Zeit ruhen. Eine Zeit, die ich nicht kenne.

Paris. Durch die Scheiben meines Taxis sehe ich die Champs-Elysées, den Triumphbogen, den an den Nachthimmel gehefteten Eiffelturm, die Seine, ihre Ausflugsboote, das Hôtel des Invalides mit der vergoldeten Kuppel des Invalidendoms. Mir wird schwindelig von diesen vielen Lichtern … Und da, die Brücke Alexandre III.

Im Aufzug, der mich zur Wohnung meines Freundes Siegel hinaufträgt, fühle ich einen Schwächeanfall. Paris hat mir seine Zähne gezeigt.

Am nächsten Tag will ich in die Metro mit ihrem Geruch nach süßen Mandeln eintauchen. Ich lasse mich von der Menschenflut treiben, bin erschrocken, als sich die Türen automatisch verriegeln, fühle mich eingesperrt. Concorde, Champs-Elysées-Clémenceau, Franklin-Roosevelt,

Etoile … Etoile, Franklin-Roosevelt, Champs-Elysées-Clémenceau, Concorde. In diesen unterirdischen Stationen lasse ich mich vom Kommen und Gehen der Menschen mittragen, ich lerne, auf den Bahnsteigen zu rennen, ich passe mich dieser riesigen, illusionslosen Menge an. Nur die Männer, die wie ich eine sonnenverbrannte Haut haben, lächeln mich an. Wir sind in gewisser Hinsicht Brüder.

In dieser bevölkerten, wimmelnden Wüste wollte ich mich ganz verlieren. Die ganze Nacht hindurch wanderte ich auf ihren Straßen. Die Brunnen auf dem Place du Trocadéro mit ihren Wasserfontänen, die sie zum Himmel hinaufspucken, empfand ich als einen Skandal. All das vergeudete Wasser, während in meiner Heimat Pflanzen und Tiere der Trockenheit zum Oper fallen. Auf den Champs-Elysées geriet ich vor all den Neonlichtern, die in die Nacht hineinblinken, in Verzückung. Auf den großen Boulevards erdrückten mich die Häuser durch ihre Höhe. Vor den Kinos traten die Männer und Frauen in der Kälte von einem Fuß auf den anderen, lange Schlangen Namenloser unter Namenlosen. Die Kolonnen von Taxis, die Busse, die Sirenen der Rettungswagen und der Polizeiautos, die auf den Lüftungsschächten schlafenden Bettler und um Pigalle die Huren auf den Bürgersteigen, die ihre Handtaschen so betont lässig schwenken; die Ausrufer an den Türen der Kabaretts, die Hoteleingänge in ihrem meergrünen Licht. Am Bahnhof Saint-Lazare schließlich wollte ich endlich mit jemandem sprechen, wollte mit jemandem Bekanntschaft schließen, aber die Leute wichen mir aus. Es war, als hätte ich sie aus ihrem Schlaf reißen wollen. Ich versuchte zu verstehen, warum all diese Frauen und Männer sich so beeilten, sich zur Seite stießen, mich zur Seite stießen ohne ein einziges Wort der Entschuldigung. Indem ich versuchte, mich ihrem Rhythmus anzupassen, stolperte ich von einem Bürgersteig zum anderen. Bei der Kathedrale Notre-Dame fütterte ein alter Herr die Tauben, und ich hatte den Eindruck, dass dies die einzige Familie war, die er in Paris hatte.

Ich werde von einem Abendessen zum anderen gedrängt. Bei den Entwicklungshelfern, die ich in Niamey getroffen hatte, bei Freunden, die ich liebe: Edmond Bernus, Jean-Marc Durou, Raymond Depardon … und, wie sich eins aus dem anderen ergibt, bei Leuten, die ich nicht kenne und die ihren Tuareg-Abend haben wollen.

»Stimmt es, dass die Frauen der Tuareg blond sind und blaue Augen haben? Wie teuer ist ein Kamel? Was heißt Kamel auf *tamaschek?* Warum »blaue Menschen«?

In den Kneipen bittet man mich, auf die Papiertischtücher Wörter in *tifinar* zu schreiben. Ich schwimme auf der Folklorewelle.

Paris ist nur eine Zwischenstation auf der Odyssee, die ich mir auferlegt habe. Ich muss jetzt Amerika in Angriff nehmen. Ich habe mein Flugticket in der Tasche für einen Billigflug via Brüssel mit der Gesellschaft Sabena.

Paris – Brüssel im Zug, der Flughafen von Zaventem. Mein Flugzeug ist noch nicht angekündigt. Ich gehe in der Halle umher. Die Reisenden begegnen sich auf gefliestem Boden, gleiten lautlos vorüber. Ich habe den Eindruck, in eine große Verschwörung einzutauchen: die des Schweigens und der Angst. Plötzlich verstehe ich – es ist die Angst, vom Erdboden fortgerissen zu werden.

Vom Fenster des Flugzeugs aus betrachte ich den Ozean,

der unter den Flügeln der Boeing dahingleitet. Die weißen Schaumkämme der Wellen halte ich zuerst für Schiffe. Ich lauere auf das kleinste Geräusch, die geringste Änderung der Motorendrehzahl, ich lächle die Stewardess an und bitte sie, mich zu beruhigen.

»Warum kommen wir so langsam voran? Haben wir eine Panne?«

New York. Ron Ashmore, der amerikanische Freund, der mir in Niamey Englischunterricht gab, empfängt mich herzlich auf dem Kennedy-Flughafen. Wir springen in ein Taxi, und schon sind wir mitten in Manhattan. Der Himmel spiegelt sich im Stahl und Glas der Hochhäuser: senkrecht stehender Horizont, der mir Schwindel verursacht und mich vor Angst erstarren lässt. In diesem Wald aus Wolkenkratzern erscheint mir alles unmenschlich: die Flut von Menschen, ihr Auf und Ab an den Bürgersteigkanten, die durchdringenden Sirenen der Polizeiwagen, die Geschäfte, die ihre Kunden verschlingen und ausspucken, der Lärm, das Geschrei, das Gedränge, die Apathie oder der Irrsinn dieser vielen Tausend Menschen, die alle denselben Ausdruck in ihren Augen haben: den der Enttäuschung oder den des Hasses. Überall Provokation. Von den roten Ampeln bis zu den Eingängen der U-Bahn, vom Himmel bis zum Asphalt, vom Hudson bis zum East-River. Ich hasse die Wall Street, ihre gigantischen Banken, ihre monströsen Hotels. Ich hasse den Reichtum, die Armut an jeder Straßenecke, die Frauen im Nerz, die aus ihrem Rolls Royce steigen, die Bettler, die am Fuß der Marmorwände kauern, die Schwarzen, die Weißen, die Gelben, die sich, geisteskrank geworden durch Alkohol und Drogen, hinter einem Lattenzaun zusammendrängen.

Das war meine erste Runde im Kampf mit New York, bevor ich nach Indianapolis fahre, wo das »Fosters-Haus« auf mich wartet.

Wenn ich von Tim, seiner Frau und den vier Kindern der Fosters spreche, kommt mir keine bessere Bezeichnung für sie in den Sinn als das »Fosters-Haus«.

Ich hatte Tim in Niamey kennengelernt, als er Mitglied des Peace Corps war. Sofort war zwischen ihm, seiner Frau und mir die engste Freundschaft entstanden. Sie waren einfache Menschen, die zuhören konnten und die Geschichte der Tuareg zweifellos deshalb mochten, weil die Amerikaner in ihrem eigenen Land selbst Nomaden sind.

Nach so vielen Jahren der Trennung traf ich sie in Indianapolis wieder, wo Tim für das amerikanische Fernmeldewesen arbeitete. Sofort betrachteten sie mich mit größter Selbstverständlichkeit als Mitglied des »Fosters-Hauses«. Zum ersten Mal in meinem Leben hatte ich ein richtiges Haus für mich.

Einige Tage nach meiner Ankunft fuhr Tim mich in seinem Auto zu dem ungefähr zehn Kilometer von der Stadt entfernten Eagle Creek Park. Er wollte mir das Museum of Indian Heritage, das Museum für indianische Kultur zeigen. »Siehst du, Mano«, sagte er bei unserer Ankunft, »hier ist ein Teil der Geschichte der Vereinigten Staaten aufbewahrt, und diese Geschichte wurde von den Indianern geschrieben. Im Niger müssen die Tuareg die Geschichte der Sahara fortsetzen. Ich weiß, dass eure Situation erschütternd ist, geradezu pathetisch, aber denk an den Satz von Saint-Exupéry: ›Das Pathetische kommt aus der Erfahrung der Weite.‹ Ohne dieses Gefühl, ohne dieses Bewusstsein ist dein Land verloren.«

Wenn ich in meine Heimat zurückkehrte, musste ich ein starker Mann geworden sein, ein Mann, der seinen Tuareg-Brüdern helfen konnte.

Ich begann, wie verrückt zu arbeiten, beschloss, mich an der Universität einzuschreiben, mein Abitur zu machen. Ich wollte die verlorene Zeit aufholen, wollte Diplome machen, die, so dachte ich, mich in den Stand versetzen würden, meinem Volk zu helfen. Um mein Studium zu bezahlen, war ich Babysitter, verdingte mich als Maurer und Tischler oder nahm andere Aushilfsarbeiten an. Ich schaffte es sogar, in einem schicken Restaurant der Stadt als Kellner eingestellt zu werden. Es hieß *Wall Street.* Wall Street, das Geschäftsviertel, das Viertel dieser stinkreichen Leute, die mich in New York so abgeschreckt hatten. Es gelang mir, in einer Vorschule eine Anstellung zu bekommen, in der mit einer Methode unterrichtet wurde, die die kindliche Intelligenz wecken sollte. Meine Arbeit bestand darin, den Kindern meine Heimat zu beschreiben. Ich zeigte ihnen Fotos von der Wüste, von Kamelen, erklärte ihnen, wie wir in unseren Wadis leben. Ich geriet dabei in eine solche Begeisterung, dass die Worte in meiner Kehle aufbrandeten. Es war meine ganze Jugendzeit, die ich ihnen schilderte.

Mit den wenigen Dollars, die ich zur Seite legen konnte, bezahlte ich die Fahrstunden für den Führerschein. Ich versuchte, die Presse zu alarmieren: Von Neuem hatte in jenem Jahr eine Dürre den Sahel heimgesucht. Dank eines Freundes – ich habe das Glück, leicht Freunde zu gewinnen – wurde ich zu einer Fernsehsendung eingeladen, in der ich über die Not der Tuareg sprach, über die Dürre und die Gefahren, die meinem Volk drohten. Ich redete so überzeugend, dass ich in einer Kirche, deren Namen ich vergessen habe, etwas Geld sammeln konnte, welches man dem Roten Kreuz schickte, damit es an verarmte Familien im Niger verteilt würde.

Ich hoffte, eine Schule zu finden, in der ich eine Ausbildung erhielte, die mir für die Wüste von Nutzen wäre. Doch ich musste aufgeben. Die Amerikaner fühlten sich von den Nöten der Tuareg nicht betroffen. Sie interessierten sich nur für die indianischen Minderheiten: für die Cherokee, die Choctaw, die Seminolen, die Chickasaw …

In Indianapolis konnte ich nichts weiter ausrichten. Ich musste nach New York zurückkehren.

In New York machte ich, wiederum bei Freunden, Bekanntschaft mit Margaret Mead, der amerikanischen Anthropologin in der ethnologischen Abteilung des Naturgeschichtlichen Museums. Ich erzählte ihr von meinem Wunsch, in den Vereinigten Staaten eine Schule zu besuchen, deren Spezialgebiet die Forschung über die Viehzucht in der Sahara wäre. Ich stellte mir naiverweise vor, dass sie, angesichts der großen Bedeutung der amerikanischen Wüsten, mein Anliegen überzeugend fände.

»Sie vertrödeln nur Ihre Zeit«, antwortete sie mir. »Die Amerikaner kümmern sich nicht um die Sahara. Für sie ist die Sahara Afrika, Frankreich ist Europa, und sie wissen nicht einmal, wo Belgien liegt. Sie tun besser daran, nach Paris zurückzukehren. Dort werden Sie vielleicht eine Lösung finden.«

1973–1974. Wieder in Paris. Ich bin traurig, das »Fosters-Haus« verlassen zu haben. Die Fosters sind meine schönste Erinnerung an Amerika. Als ich Indianapolis verließ, versprach ich ihnen, bald wiederzukommen. Wenn …

»Wir werden dich in Agadez besuchen«, unterbrachen sie mich. »Schon bald wirst du wieder dort sein.«

Ich habe ein zwei mal zwei Meter großes Dienstmädchenzimmer ausfindig gemacht, ernähre mich von belegten Broten, die ich in den Kneipen der Rue Mouffetard an einer Ecke der Schanktheke esse. Ich lerne den jungen Beaujolais schätzen, den Beaujolais überhaupt. Ich habe mich an einer Hochschule eingeschrieben, im Fachbereich Sechs der Ecole Pratique des Hautes Etudes, der Hochschule für Sozialwissenschaften. Ich kann in der Mensa essen und muss deshalb nicht hungern. Ich besuche die Museen, es macht mir Spaß, in die Straßen einzutauchen. Alle Vorwände sind mir recht, um mich an Menschen zu binden. Ich kenne den Zeitungshändler der Rue de Rennes, die Blumenverkäuferin an der Ecke der Rue Pierre-Charron, den Kohlenhändler der Rue Saint-Louis-en-Ile, den Clochard am Quai de la Rapée. Ja, diese Menschen sind bereit, einige schnell hingeworfene Worte mit mir zu wechseln: »Nicht gerade warm heute«, »Die Zeiten sind hart, Monsieur«, »Was darf es sein?« Das sind keine großartigen Unterhaltungen, aber wenigstens nehmen wir uns gegenseitig wahr. Die anderen, die ich in den Bahnhöfen, in den Grünanlagen, auf den großen Boulevards oder auf den Champs-Elysées treffe, entziehen sich, weichen jedem Gespräch aus. Sie haben nie Zeit. Sie zeigen nur Geringschätzung und Gleichgültigkeit. Sie wissen nicht, dass das wahre Glück darin liegt, einem anderen Menschen zu begegnen, ihn in die Arme zu nehmen. Ihre Wüste macht mir Angst. Man muss sagen, dass sie keinen Orientierungspunkt haben. Die Sterne leuchten so selten am Himmel von Paris. Diese Menschen sind taub und blind.

An der Ecole Pratique des Hautes Etudes studiere ich

Ethnologie, gehe zu den Vorlesungen von Germaine Tillion über kulturelle und soziale Anthropologie der Berber. Unter den Studenten der Hochschule habe ich Freunde gefunden: drei oder vier Tuareg, die sich, wie ich, dem Leben in Frankreich ausliefern wollen. Abends treffen wir uns. Unser größtes Vergnügen ist, einen Teig für die *taguela* zu kneten, das Brot der Tuareg, das man unter der glühenden Asche im Sand der Dünen ausbäckt. Da wir keinen Sand haben, wickeln wir die Fladen in Aluminiumpapier und rösten sie auf der Heizspirale meines elektrischen Ofens.

Diese *taguela,* die wir schweigend essen, schmeckt nach Leid und Trauer.

Während endloser Teezeremonien sprechen wir von der Wüste; sprechen von »da unten«.

Wohin er auch gehen mag, der Nomade kehrt immer zum ersten Lagerplatz seines Lebens zurück.

In *Le Monde* lese ich aus der Feder meines Freundes Philippe Decraene: »Alles deutet darauf hin, dass die Regierung Malis jetzt die Hungersnot ausnutzen will, um die letzten Widerstandsregungen oder die allerletzten separatistischen Bestrebungen der Tuareg, die bis heute am Rande der nationalen Gemeinschaft leben, zu unterdrücken …« Aus derselben Quelle erfahre ich, dass Moussa Traoré, der Präsident Malis, den internationalen Organisationen wie z. B. der Christian Aid verbietet zu kontrollieren, was mit den von der Welternährungshilfe gesandten Getreidesäcken geschieht, dass dieses Getreide von den örtlichen Autoritäten munter fehlgeleitet und auf den Märkten von Gao und Timbuktu teuer verkauft wird. Ich erfahre auch, dass eine deutsche Stiftung, die zwölf Millionen französische Francs für die Flüchtlinge bereitgestellt hatte, erleben musste, wie ihre Beauftragten, die die Verwendung des Geldes überwachen sollten, aus dem Hoheitsgebiet Malis vertrieben wurden. Und Philippe Decraene folgert: »Man fragt sich, ob Präsident Oberst Moussa Traoré nicht die ›Endlösung der Tuareg-Frage‹ vorbereitet.«

Zu derselben Zeit übernimmt im Niger Oberst Kountché die Macht, nachdem er Präsident Diori gestürzt hat. Er verbietet im gesamten Land, das Wort »Nomade« auszusprechen, und die Lebensmittelrationen, die er den Opfern der großen Dürre zukommen lässt, sind so mager, dass die Tuareg der Azawagh-Ebene das Jahr 1974 später »das Jahr der kleinen Tassen« nennen.

Im Aïr verenden die Tiere zu Hunderten vor Hunger und Erschöpfung. Die letzten, von der Hitze versengten Weiden reichen nicht mehr aus, die Tiere zu ernähren, die langen Wege von einem Brunnen zum anderen, zu möglicherweise bereits verdorrten Weiden geben den Herden gnadenlos den Todesstoß. Ratlos und ohnmächtig bleiben die Nomaden bei den verhungernden Tieren, können ihnen nicht helfen. Wenn das letzte Kamel gestorben ist, werden auch sie immer schwächer und sterben, weil sie Orte, an denen sie Hilfe bekommen könnten, zu Fuß nicht erreichen.

In den Zeltlagern gibt es keine Hirse, keine Milch mehr … Mangelkrankheiten treten auf. Eine ärztliche Versorgung gibt es nicht. Es herrscht tiefste Verzweiflung. Um den Kindern, den Frauen und Greisen die wenigen verfügbaren Nahrungsmittel zu überlassen, beschließen die jungen Männer, ins Exil zu gehen, die einen nach Algerien, wo sie die Zahl der in abscheulichen Elendsquartieren lebenden Auswanderer noch vergrößern, die anderen nach Libyen, wo Oberst Gaddafi einigen von ihnen eine Militärausbildung in seiner berühmten Islamischen Legion anbietet. Dort lernen sie den Gebrauch der Kalaschnikow, und sie lernen ihn gründlich.

Die anderen, die nicht das Glück haben, in der Armee dienen zu dürfen, die ihrer Herden und aller materiellen Mittel beraubt sind, schlagen sich von einer Hilfsarbeit zur nächsten durch. Einen Arbeitsplatz verloren, einen anderen gefunden, verdingen sie sich als Mechaniker, Maurer, Fahrer … verrichten handwerkliche Arbeiten, was ihnen ihr Ehrgefühl früher verbat. Glieder einer unsichtbaren Kette, kommen sie zwischen zwei Arbeitsaufträgen aus Libyen in den Niger, um heimlich für eine Nacht oder zwei ihr Nomadenlager wiederzusehen. Sie heißen *ishomar,* ein Wort, das vom französischen *chômeur,* Arbeitsloser, abgeleitet ist. Ins Elend verbannt und fern ihrer Wadis verloren, geben sie ihrer Wut und ihrer Traurigkeit Ausdruck in Gedichten und Liedern, prangern in ihnen das Unglück und die Ungerechtigkeit, die ihr Volk bedrücken, an. Diese Lieder und Balladen werden bald zu Hymnen, die die Kamelhirten in der Wüste verbreiten, von Wadi zu Wadi tragen. Ein Teil der Tuareg-Soldaten, die Oberst Gaddafi verpflichtet hatte, wird von dem patriotischen Elan der Lieder mitgerissen, und da sie es leid sind, sich für eine Sache zu schlagen, die sie nicht betrifft, desertieren sie, verlassen die libyschen Kriegsfronten im Tschad oder im Libanon und ziehen mit ihren Kalaschnikows in den Aïr und den Adrar der Iforas, wo sie sich in den Hinterhalt legen.

Die Rebellion ist geboren.

In meinem Zimmer in der Rue Soufflot gehe ich ungeduldig auf und ab. Ohne Unterlass denke ich an mein Land. Nie habe ich ein solches Heimweh, ein solches Schuldgefühl gehabt.

Das Glück ist auf meiner Seite. Die *Fédération Mondiale des Villes Jumelées,* die Gesellschaft für weltweite Städtepartnerschaft, eine Reiseagentur, die Fahrten auf dem Niger und zu den Tuareg der Sahara organisiert, sucht einen Reisebegleiter. Meine Wüstenerfahrung, meine Englischkenntnisse schlagen zu meinen Gunsten aus. Ich werde sofort eingestellt. Meine Arbeit besteht darin, diese Fahrten während der Wintersaison zu planen und sie zu begleiten, sobald die ersten warmen Tage anbrechen. Der Leiter der Agentur ist damit einverstanden, dass ich von Oktober bis Juni nur halbtags arbeite, damit ich mein Studium fortsetzen kann.

Doch was nützen die Vorlesungen in Ethnologie? Selbst wenn ich meine Magisterprüfung schaffe, wird mich die Regierung des Niger wohl kaum bezahlen, um die Tuareg-Kultur zu retten, wo sie doch alles aufgeboten hat, sie zu vernichten. Doch Gott weiß, was ich dieser Kultur alles bringen wollte: Ich träumte schon von Schreibmaschinen mit *tifinar*-Schriftzeichen, stellte mir Bücher vor, in denen alles Wissen der Tuareg zusammengetragen würde, Bücher mit ihrer wahren Geschichte …

Mit schlechtem Gewissen gebe ich schließlich die Ecole Pratique des Hautes Etudes, mein Ethnologie-Studium, die Kurse bei Germaine Tillion auf. Jetzt, wo sich mir die Gelegenheit bietet, in meine Heimat zurückzukehren, möchte ich meinem Volk auf eine andere Weise helfen.

Bevor wir von Agadez aus die Wüste mit unseren Geländewagen erobern, nehme ich die Parade der jungen Studenten und Lehrer, die an meiner ersten Reise teilnehmen, ab: »Nehmen Sie sich vor der Sonne in acht. Vor allem keine

Shorts und keine entblößten Arme. Heben Sie keine Steine hoch, und treten Sie nicht in Grasbüschel. Darunter können sich Vipern oder Skorpione verbergen.«

Und die wichtigste Warnung: »Vermeiden Sie Gespräche über Politik! Sie riskieren, als Spion verdächtigt zu werden.«

Wir steigen in unsere beiden Land Rover und beginnen die Reise in die Vorgebirge des Aïr. Mein Herz schlägt, als wir durch Azzel kommen. Die Schule hat sich nicht verändert, und auch die Pisten, auf denen ich zu meinem Stamm und meiner Mutter flüchtete, sind noch dieselben. In einem Brief, den sie mir auf *tamaschek* schrieb, teilte sie mir mit, dass sie in ihr Wadi von Tidène zurückgekehrt sei. Ob sie dort wohl noch ist? Der vollkommen zerknitterte Brief ist sechs Monate alt: »Mano, gib acht auf dich. Das Glück steht bevor, und meins ist ungeheuer groß. Komm schnell zurück!«

Komm schnell zurück. Ich weiß, dass ich das harte und herrliche Wüstenleben nicht mehr führen könnte. Ich habe zu viele Dinge, zu viele Annehmlichkeiten kennengelernt. Ich könnte das Nomadenleben, die Irrfahrten mit den Herden von einem Brunnen zum anderen nicht wieder aufnehmen, ich könnte kein Karawanier mehr werden und nach Bilma ziehen, könnte mich nicht mehr den Launen des Regens und der Trockenheit unterordnen. Gleichzeitig weiß ich, dass ich niemals für lange Zeit fern der Wüste leben könnte.

Unter den Rädern des Geländewagens ist die Erde jetzt rissig, die ersten Tamarisken tauchen auf. Es ist die Jahreszeit, in der die Perlhühner kommen, um ihre Eier in die Höhlungen dieser Bäume zu legen. Dort ein kleiner Flechtenteppich. Zwischen solchen Teppichen Abdrücke von

Kamelfüßen: »Schau, diese unterbrochene Linie, die von rechts nach links führt … und diese Vertiefung, die vorne größer ist … Das ist das Mehari von agg Amghar …«

Was ist aus den Lehren meines Vaters geworden? Ich habe die Erinnerung an die Spuren meines Kamels Abzaws, das ich dressieren konnte, verloren.

Endlich das Nomadenlager. Hinter den verkrüppelten Akazien weiden nur einige Ziegen. Etwas entfernt sechs gesattelte, reglos wartende Kamele. Sie stehen dort für das Lokalkolorit. Gleich werden meine jungen Ferienfreunde darum bitten, auf ihnen reiten zu dürfen, um sich dann für Sir Lawrence von Arabien zu halten.

Meine Mutter ist da, ein wenig zurückgezogen. Sie hat Angst vor diesen Menschen, die sie nicht kennt und die bereits mit ihrer Leica Bilder schießen von der »Flora und Fauna«, wie sie es nennen. Ich stürze auf sie zu, nehme sie fest in beide Arme. Wir schweigen … Wir haben uns zu viel zu erzählen.

Schüchtern erzählt mir meine Schwester Tahédag vom Leben im Lager. Sie berichtet, dass Mawli nach Arlit gegangen ist.

»Er sagt, es sei eine sehr schöne Stadt. Er wird mit viel Geld wiederkommen und neue Kühe und Ziegen kaufen.«

Schweigend höre ich ihr zu. Ich wage nicht, ihr von dem großen Elend zu erzählen, das ich in Arlit sah, von den Kindern und Frauen, denen nichts als Bettelei bleibt, von dem leeren Blick der Männer hinter dem Stacheldraht, von der schlechten Behandlung …

»Weißt du«, fährt sie fort, »einige Monate nach deiner Abfahrt sind Hausa-Händler mit großen Lastwagen hergekommen. Wir mussten ihnen viele Tiere verkaufen. Dafür gaben sie uns Hirse … Hirse und Grünfutter. Ein Soldat wollte sogar gegen zehn Säcke Datteln und fünf Säcke Sorghum die Kusine von Sidati eintauschen. Sidati hat ihm den Kopf mit dem Stiel seiner Heugabel fast gespalten. Beinahe hätte er ihn umgebracht. Seitdem versteckt Sidati sich in der Wüste.«

Sie wendet sich ab und fügt mit dünner Stimme hinzu: »*Anna* wollte unser Wadi nicht verlassen, wollte nicht zu unserer Schwester Rhalla ziehen. Sie ist nicht mehr jung, und wir hätten es gern gesehen, dass sie nach Agadez zieht. Aber es war nichts zu machen. Sie sagte: ›Die Gazelle bleibt in ihrer Heimat, in der Dürre wie im Überfluss.‹«

Ich fühle mich elend. Was habe ich während dieser ganzen Zeit für die Angehörigen meines Stammes getan?

Am Abend nach einem *mechoui,* das auf Kosten der Agentur für unsere Gäste aus Paris organisiert worden war, trommelten die Frauen am Lagerfeuer auf der *tindi* und sangen dazu dieses Lied:

Gottes Gäste sind unsere Gäste …
Wir bitten euch um Verzeihung,
Unser Herr und Meister ist auch der eure.
Blind, wie wir sind, sehen wir euch nicht,
Taub, wie wir sind, hören wir euch nicht …

In diesem Augenblick wäre ich am liebsten in die Wüste geflohen.

11

Sie sitzt brav auf ihrem Stuhl und schaut mir gerade in die Augen. Sie sagt: »Ich habe erfahren, dass Sie nach Agadez fliegen. Ich möchte mich für den Kamelritt, der unter Ihrer Leitung in den Aïr gemacht wird, anmelden.«

Ihre Haare sind kurz und hellbraun. Ihre Augen leuchten, ihr Blick ist ernst. Sie heißt Odile. Sie kann nur Odile heißen. Ihre Zurückhaltung und ihre Einfachheit machen mich schüchtern. Schüchtern macht mich auch ihr Charme, ihre jugendliche Anmut.

»Wie alt sind Sie?«

»Zweiundzwanzig. Ich bereite mich auf mein Geografieexamen vor.«

In einem Zug erzählt sie mir, dass sie vom Sand, von der Stille, von den Sonnenuntergängen träumt …

»In Paris fühle ich mich, als ob ich ersticke. Ich bin nicht für die großen Städte und die Diners im Restaurant gemacht.«

Ich fühle mich in einer Falle. Es ist ganz klar, ich bin drauf und dran, mich zu verlieben. Also – sinnlose Reaktion – tue ich alles, um sie von dieser Reise abzubringen.

»Unsere Agentur kann Ihnen andere Ziele anbieten …«

»Warum?«, fragt sie mich, »warum versuchen Sie, mich in Länder zu schicken, die mich nicht reizen?«

In unserem Land Rover, der uns das Tal des Aouderas entlangfährt, ist sie die Einzige, die keine Fotos macht, aber ihre Augen nehmen jede Einzelheit wahr: die Bergspitzen aus rosa Granit, ihr sandvermischtes Geröll, die verzauberten Wolken, denen das Gebirge den Weg versperrt. Sie hält ihren Atem an, als hätte sie Angst, dass alle diese Wunder sich in nichts auflösten. Von Zeit zu Zeit vergnügt sie sich damit, einige Worte *tamaschek,* die ich ihr beibringen soll, zu wiederholen: *»Adrar:* Berg … *tarayat:* Piste … *ténéré:* Wüste … *edjef:* Düne …«

Sie sagt mir sogar die Verse Keltoum Sennhausers auf:

Wenn der Wind durch die Natur weht:
Sieh, das sanfte Rauschen der sich wiegenden Blätter,
Die gleichmäßigen Rillen im Sand
der Dünen, auch das bist du …

An jenem Abend biwakierten wir am Rande des Flussbettes des Aouderas. Sie lag auf dem Rücken und hatte ihren Spaß daran, die Sterne zu zählen.

»Wenn ich fertig bin«, sagte sie lachend, »bin ich eine alte Jungfer.«

Als wäre das ganz natürlich, ergriff ich ihre Hand.

Und als wäre das ganz natürlich, hat meine Mutter sie, als wir nach Tidène kamen, sofort gemocht. Sie sitzen zusammen vor dem Zelt und unterhalten sich stundenlang. Mit Gesten und großer Einfachheit versuchen sie, sich gegenseitig zu verstehen, dabei werden ihre Finger gesprächig. Als wir an jenem ersten Abend zusammensaßen, bat meine Mutter mich, ihr Dolmetscher zu sein.

»Mano, sag ihr, dass sie glücklich sein soll, wie ich es war. Jede Minute zählt. Man muss das Leben lieben.«

Odile hörte ihr zu; oder genauer gesagt: Odile wusste sie zu verstehen.

»Bald wird das Ende der Welt kommen«, fuhr meine Mutter fort.

»Das Ende der Welt?«, fragte Odile.

»Das sind ihre Worte«, sagte ich. »Ich übersetze nur.«

Meine Mutter erzählte: »Zuerst kommt der Regen mit einer Vielzahl von Krankheiten in seinem Gefolge … Ein furchtbarer Wind wird Menschen und Tiere mit sich fortreißen. Nur ein einziges männliches Wesen wird auf der Erde überleben. Er hat eine Ziege. Der Ziegenhirt wird er heißen, und niemals wird er sterben. Seine Ziege hinter sich herziehend, wird er durch die Welt laufen, ohne je stehen zu bleiben.«

»Und was wird aus diesem Ziegenhirten?«, fragte Odile.

»Er wird wandern, wandern und bald genug davon haben, allein zu leben, ohne jemanden, den er lieben kann, ohne jemanden, mit dem er sprechen kann.«

An diesem Punkt ihrer Erzählung sah meine Mutter mich an, sah Odile an, und es war, als wünschte sie, dass die Welt bei diesem Bild stehen bliebe.

»Erzählen Sie weiter«, bat Odile.

»Jedes Mal, wenn der alte, bemitleidenswerte Ziegenhirt an einem Grab vorbeikommt, wird er den Himmel anflehen, wird sagen: »Mach, dass ich an der Stelle dessen bin, der hier begraben liegt!« … Dann kommt die große Auferstehung. Diejenigen, die schlecht waren, werden als Skorpione, Eidechsen, Flöhe, Moskitos wiedergeboren … Bösartige Tiere werden die Erde bewohnen. Diejenigen, die gut waren, kommen ins Paradies.«

Ich war gefesselt. Unbeirrbar rankte meine Mutter alles Mögliche um ihre Legende vom Ziegenhirten, vermischte das Heilige mit dem Profanen, versuchte, uns an ihrer Vision von Tod und Erlösung teilhaben zu lassen.

»Das Paradies«, sagte sie leidenschaftlich, »ist ein riesengroßes Wadi, bevölkert von Kühen, Eseln, Ziegen und

Kamelen. Es wird so unendlich viele Weiden geben, dass die Tiere nie wieder von ihrem Weideplatz fortziehen müssen … und das Kind bleibt im Nomadenlager.«

Das Kind war ich. Ich, der bald wieder fortgehen würde.

»Passen Sie in Paris gut auf ihn auf«, sagte sie zu Odile.

Ich hörte gern, wenn sie »Odile« sagte. Sie sprach es wie »Idyll« aus.

Auch meine Geschwister wollten »die Französin kennenlernen, die Mano aus Paris mitgebracht hat«.

Meine Schwestern Rhalla, Raïcha und Tahédag brachten ihr die Namen der Pflanzen bei und zeigten ihr, wie man den Tuareg-Schleier bindet, ihn elegant auf dem Scheitel zusammenknotet und wie man den Tee zubereitet. Meine Brüder Feltou, Eddoua und Rhamer gossen ihr Fluten von Tee ein, den sie an ihre Lippen führte.

Odile und ich unternahmen weite Ritte auf dem Rücken meines Kamels. Wir sprachen nicht. Gemeinsam hörten wir dem sanften Rauschen der Wüste zu.

Im darauffolgenden Winter 1976 bin ich wieder in Paris und habe Heimweh wie nie zuvor. Ohne Unterlass kommen mir die Landschaften des Aïr in den Sinn, meine Familie, die Freunde, die ich zurückgelassen habe und die auf mich warten. Immer unerträglicher sind mir die stundenlangen Essen, zu denen ich eingeladen werde, die endlosen Diskussionen. Ich habe genug davon, über die Politik Mitterrands, Giscards, über die französisch-russischen Beziehungen, über die Politik Chiracs philosophieren zu hören … habe genug von all diesen fruchtlosen Unterhaltungen, die zu nichts führen. Ich sehne mich nach sehr viel einfacheren Dingen. Schauen denn die Pariser niemals die Bäume, den Himmel und die Wolken an?

Mein Unbehagen muss ich Odile mitteilen: »Für ein Leben in Paris bin ich nicht gemacht. Meine Wahrheit finde ich nur in der Wüste. Dort bin ich glücklich. Dort bin ich zu etwas nütze.« Und sie antwortet: »Wann fahren wir hin, Mano?«

Einfach nur: »Wann fahren wir hin, Mano?«

Da sind wir also, Odile und ich, in meiner guten Stadt Agadez. Mit dem von Freunden geliehenen Geld haben wir zwei Land Rover gekauft und durch die Sahara hierhergebracht. Mit ihnen werden wir Touristen die Wüste zeigen, werden von Agadez ins Gebirgsmassiv des Aïr fahren, bis in die Ténéré vordringen. Wir haben die Routen und Etappenziele festgelegt. Wir haben uns alles ausgerechnet, eine aus Gold und Seide gestickte Zukunft entworfen. Unsere Agentur soll *Temet-Reisen* heißen. Sie wird Dutzenden von Tuareg, die unsere Geländewagen fahren, die uns für lange Ausritte in die Wüste ihre Kamele leihen, Arbeit geben …

In der Zwischenzeit veranstalten wir einige Ausflugsfahrten mit unseren Geländewagen. Odile fährt den ersten, ich den zweiten. Heimlich, natürlich. Ich habe noch keine Genehmigung von der Präfektur in Agadez.

»Warum bist du in die Wüste zurückgekommen?«

»Wer hat dich in den Vereinigten Staaten bezahlt?«

»Was machst du in Frankreich?«

Seit vierundzwanzig Stunden bin ich in Polizeigewahrsam. Ununterbrochen verhört man mich, überschüttet mich mit Fragen. Man – das ist Oberst Mahamadou S. Diallo, unser Innenminister, der Angst hat vor dem, was er nicht versteht. Für ihn bin ich ein gefährlicher Agitator, ein Spion des CIA, der DST, der Geheimdienste Oberst Gaddafis.

»Eine Genehmigung für die Gründung eines Reiseunternehmens im Niger? Du bildest dir ja wohl nicht ein, dass man dir die geben wird!«

Wir schreiben das Jahr 1977. Zu Ende die schönen Pläne; zerstört unser Traum ... Und Odile bringt Mawli, unser erstes Kind, zur Welt.

Wir müssen unsere Autos verkaufen und ziehen nach Niamey. Wir besitzen keinen Pfennig mehr. Ich renne von einem Ministerium zum anderen, laufe alle Flure ab, und immer stehe ich vor verschlossenen Türen. Während ich darauf warte, dass irgendein gerichtliches Verfahren beginnt, bietet mir Monsieur Pastor, ein französischer Bauunternehmer, eine Arbeit bei »Niger-Farben« an.

Odile hat bei der Botschaft der Vereinigten Staaten eine Stelle gefunden, sie ist dort verantwortlich für die Angestellten aus der Region. Wir heiraten im Standesamt von Niamey. Wir ziehen Mawli auf in der größten Hoffnung, dass wir schnell nach Agadez zurückkehren können, wo man mir die Aufenthaltsgenehmigung entzogen hat. In meiner Stadt ...!

Ich erfahre hintenherum, dass die von den Tuareg bewohnten Gebiete zu »landwirtschaftlich nicht nutzbaren Zonen« erklärt wurden und deshalb keinerlei Hilfen erhalten, während in anderen Regionen riesige Summen für Projekte zur Verfügung gestellt werden. Dennoch bestätigen alle Untersuchungen einmütig die bedeutenden landwirtschaftlichen Möglichkeiten in den Oasen und den Wadis, deren reichhaltige Grundwasservorkommen nur genutzt werden müssten. Ich erfahre, dass die Situation im Bereich der Gesundheitsversorgung noch schlimmer ist. In den Departements von Tahoua und Agadez gibt es kein einziges Krankenhaus, das diesen Namen verdient hätte, und die Ausstattung der wenigen ambulanten Sanitätseinrichtungen ist mangelhaft. Sie verfügen weder über genügend Medikamente noch über ausgebildetes Personal. Die Sterblichkeitsrate, insbesondere die Kindersterblichkeit, nimmt ununterbrochen zu.

Die Presse bleibt stumm, aber ich weiß, dass in Arlit und an der Grenze zu Algerien sehr viele Tuareg ankommen und dort die Zahl der Verdammten vergrößern – Kinder, Frauen und Greise, die zu Hunderten an Krankheiten und Unterernährung sterben.

Ich weiß, dass die *ishomar,* die mit einer neuen Vorstellung von der Lebensweise der Nomaden aus Libyen zurückkehren, in Tchin-Tabaraden systematisch verfolgt werden.

Ich weiß, dass im Norden des Landes die Nomadenschulen nach und nach eingehen, da ihnen weder ausgebildete Lehrer noch geeignetes Unterrichtsmaterial zur Verfügung stehen. Im gesamten Departement von Agadez gibt es nur ein einziges staatliches Collège. Da es kein Internat hat, kann dieses Collège ebenso wenig wie das Gymnsium von Tahoua, zwischen Agadez und Niamey, Tuareg-Kinder aufnehmen, die daher die Schule vor dem Collège verlassen müssen. Ich weiß, und auch die Regierung weiß, dass eine solche abgebrochene Schulbildung nahezu alle diese Kinder dazu verdammt, wurzellos und ohne Aussichten zwischen zwei Kulturen zu leben, dass sie in einer Gesellschaft, zu der ihnen der Zutritt verboten ist, nicht Fuß fassen können. Wenn sie erwachsen sind, bleibt ihnen nur die Armee, die sie aber heutzutage nicht wirklich integriert, da ihnen der Zugang zu den oberen Dienstgraden versperrt ist.

Ich weiß, dass im öffentlichen und im halböffentlichen Sektor der Arbeitsmarkt vor allem den Djerma und Hausa vorbehalten ist und dass daher Tausende von Tuareg ohne

Arbeit in den Elendslagern von Agadez, Arlit und Tchirozérine leben. Sie sind in die Listen der Arbeitssuchenden eingetragen, doch ihre einzige Chance besteht darin, die Arbeitsvermittlungsstellen zu belagern. Vor denen warten sie, vertreiben sich die Zeit mit dem *dara*-Spiel und werden systematisch abgewiesen.

Der Völkermord hat begonnen. Infolge eines Putschversuchs gegen die Regierung von Präsident Seyni Kountché im März 1976 findet eine blindwütige Unterdrückung der Tuareg statt. Mehrere Tuareg werden hingerichtet, andere werden in den Staatskerkern gefoltert. Diejenigen, die den willkürlichen Festnahmen entkommen, müssen ins Exil gehen. Eine Verwaltung mit militärischem Charakter wird in den Tuareg-Gebieten eingesetzt, und sie organisiert eine flächendeckende Repression, die auf Denunziation und Lügen aller Art, die von ihr selbst in Umlauf gebracht werden, basiert. Diese »Informationsdienste« werden bis zum Tod General Kountchés 1987 im Einsatz bleiben.

Überall ist die drei Millionen zählende Tuareg-Bevölkerung Opfer der Willkür und der Verletzung fundamentalster Menschenrechte.

Ich schlucke meinen Ärger hinunter. Ich muss um jeden Preis diese verdammte Genehmigung für meine Reiseagentur erhalten. Ich will nach Agadez zurückkehren. Ich will bei den Meinen leben, will etwas für meine Brüder tun. Ich schlage mich herum, gerate in Wut, tobe. Ein Staatssekretär, der Tuareg ist, – es gibt noch Wunder –, setzt sich für mich bei den zuständigen Ämtern ein, bewegt Himmel und Erde, gräbt meine Akte aus. Nein, ich bin kein gefährlicher Spion, bin kein zu fürchtender Agitator, der seine Laufbahn in Frankreich und den Vereinigten Staaten begonnen hat und nun in seinem Land Unfrieden stiften will. Ich bin ein friedlicher Bürger, der es in seinem Militärdienst zum Unteroffizier gebracht hat, dem eine heimliche Verbindung zu den rebellierenden *ishomar* überhaupt nicht nachzuweisen ist, der Arbeit hat und verheiratet ist mit einer Französin. Mit einer Französin … da gilt es, diplomatische Zwischenfälle zu vermeiden. Diese Französin arbeitet zudem im Konsulat der Vereinigten Staaten.

Endlich bekomme ich Genugtuung. Ich habe die Genehmigung, nach Agadez zurückzukehren, mein Reiseunternehmen *Temet-Reisen* zu gründen. Ich lebe im Glück …

Und Odile hat mir einen zweiten Sohn geschenkt, den wir Madani nennen. Madani ist ein Tuareg-Vorname. Eine Art Symbol.

Sofort geht es wieder aufwärts. Um bei der Rallye Paris – Dakar dabei zu sein, strömen zahlreiche Europäer, den Kopf voller Legenden und von der Schönheit der Landschaft angezogen, nach Agadez, der ockerfarbenen Wüstenstadt. Sie wollen das Leben der »blauen Menschen« kennenlernen, sie aus der Nähe anschauen, sich mit ihnen fotografieren lassen. Wir lehnen diese Maskerade ab. Wir wollen nicht einen zoologischen Tourismus unterstützen, sondern die Schönheiten einer ursprünglichen Landschaft, einer Landschaft der Wahrheit mit ihren Wundern, ihren Kräften und ihrer Großartigkeit entdecken helfen. Wir wollen, dass die Welt weiß, dass in diesem Winkel der Erde eine Handvoll Menschen darum kämpft, ihre Wurzeln und ihre Identität zu bewahren.

Temet-Reisen hat einen großen Aufschwung genommen und vielen Tuareg Brot und Arbeit gegeben: Gärtner in den Oasen verkaufen ihr Gemüse, Kamelhirten veranstalten auf ihren Kamelen Ausritte durchs Land, Schmiede vertreiben ihren Schmuck, ihre Töpfer- und Lederwaren, Fahrer, die wir einstellen, verdienen sich bei uns ihren Lebensunterhalt. In Agadez erzielen die Hotel- und Gaststättenbesitzer, die Vermieter von Geländewagen gute Gewinne. Unsere Handelsbilanz ist von Null auf eine Million Francs gestiegen, und wir haben das Geld investiert, um diese Region des Nordens, die die Regierung so gern erstickt hätte, anderen nahezubringen und um ihre Entwicklung zu fördern. Wir haben jetzt gut fünfzehn Geländewagen und erfahrene Reiseleiter.

Dank meiner vielen Kontakte in Paris, dank meiner Verbindungen vor allem zu Reiseunternehmen wie *Africatour* gelang mir die Einrichtung einer Charterfluglinie Paris–Agadez, durch die mehr und mehr Touristen ins Land kamen. In zahlreichen Medien wurden dadurch die Ténéré und der Aïr ins Gespräch gebracht.

Das Einrichten dieser Charterflüge hatte sehr lange gedauert und war schwierig gewesen, so sehr fürchteten die Verantwortlichen in Niamey einen wirtschaftlichen Aufschwung unserer Region, der der Kontrolle der Zentralregierung entgleiten könnte. Die Genehmigungen für den Luftverkehr ließen auf sich warten. Zur Hinhaltetaktik der Behörden in der Hauptstadt kam der starke Druck der Fluggesellschaften, die traditionell das Monopol am afrikanischen Himmel besitzen. Die großen Tourismusunternehmen und die Händler in Niamey schlossen sich denen an, die die Entwicklung und den Aufschwung unserer Region zu verhindern trachteten. Sie alle wollten ihre wirtschaftlichen Vorteile, die sie auf Kosten einer bis dahin vernachlässigten Region gewonnen hatten, nicht preisgeben.

Der Kampf um die Durchsetzung dieser Fluglinie nach

Agadez war daher erbittert. Ich musste erklären, dass man den Tourismus im Norden Nigers nicht entwickeln könnte, wenn man den Reisenden, die in die Wüste wollten, einen langen, unnützen und kostspieligen Umweg über Niamey zumutete. Dank der Hartnäckigkeit meines Freundes Bernard Didelot, des Generaldirektors von *Africatour,* gewannen wir unsere kühne Wette: die Landung eines Charterflugzeugs in Agadez, Grundlage für eine spätere ständige Verbindung Paris – Agadez. Das war der Beginn eines schönen, aber sehr kurzen Abenteuers für alle Liebhaber der Wüste. Als das Unternehmen endlich begann, Gewinne abzuwerfen, erboten sich die beiden Fluggesellschaften an, die bisher das Monopol in Afrika hatten, die Kosten für die Verbindung zu übernehmen, deren Einrichtung uns so viel Mühe bereitet hatte. Einige Zeit später aber ließen die UTA und Air Afrique die Verbindung Paris – Agadez wieder fallen …

Zu jener Zeit erregten die Streckenführung der Rallye Paris – Dakar durch die Ténéré und der Ruhetag in Agadez den Geldneid von Niamey, wo man bedauerte, dass das Manna so weit entfernt von der Hauptstadt vom Himmel fiel. Auf einer meiner Fahrten traf ich 1982 zufällig in der Nähe des Brunnens am Baum der Ténéré das Team für die Geländeerkundigung der Rallye Paris – Dakar. Ein Mann kam auf mich zu, um mich zu begrüßen.

»Guten Tag, ich bin Dominique Pipat. Wir haben einen gemeinsamen Freund, den Architekten Jacques Gauthier.«

Und dann erzählte mir Dominique, dass er Filmemacher sei und für das französische Fernsehen die Geländeerkundigung für die Rallyestrecke Paris – Dakar filme. Er liebe das Meer leidenschaftlich und nehme an Transatlantik-Regatten teil, insbesondere mit Eric Tabarly. Nach einem langen Gespräch über die Ähnlichkeiten zwischen dem Meer und der Wüste schlug er mir vor, mich mit Thierry Sabine bekannt zu machen, dem Organisator der Rallye. Ich fand Thierry Sabine äußerst sympathisch; er passte ganz und gar nicht zu dem Bild, das ich von seinem scheußlichen Autorennen hatte.

Diese Rallye sah ich in erster Linie als eine Kränkung der Wüste an, als eine Beleidigung der Stille und der Kargheit einer Welt, die bis dahin verschont geblieben war von dem Irrsinn dieses Heeres von Autos, Motorrädern, Lastwagen, Flugzeugen, Journalisten und Medienstars. Ich sah diese verrückte Karawane durch Afrika brausen wie der Harmattan, dessen Sandstürme sofort jede Spur verwehten. Wie konnte man auch nur einen Augenblick vermuten, dass diese Narren der Geschwindigkeit die Wüste und ihre Bewohner liebten?

Und doch bekam ich durch die Bekanntschaft mit diesen beiden außergewöhnlichen Männern Verständnis für dieses Rennen. Einige Monate später machte die Rallye in Agadez halt. Ich traf Thierry und Dominique wieder und lernte weitere Mitglieder dieser europäischen Karawane kennen. Freunde oder Unbekannte – ich begriff, dass sie nicht Verrückte waren, wie ich sie mir vorgestellt hatte, sondern zumeist Männer, die ihre Leidenschaft für den Motorsport mit ihrer Liebe zur Wüste, diesem fantastischen Raum der Freiheit, verbinden wollten.

Viele von ihnen sind im Lauf der Zeit und nach den unzähligen Kilometern durch den Sand, der alle Spuren sofort verschluckte, tatsächlich zu Freunden geworden. Ich versuchte, sie an der Kultur der Tuareg teilhaben zu lassen, an dem Glück, nach dem Rausch des Rennens ein Glas Tee zu trinken, und an diesen unfassbar schönen Augenblicken der Freiheit, die man unter dem sternenübersäten Himmel der Sahara erlebt.

Zu ihnen zählt Jacky Ickx, der immer wieder in die Ténéré zurückkehrt, allein oder mit seiner Familie, und der Brunnen graben oder zementieren ließ. Oder Prinz Albert von Monaco, der im Anschluss an die Rallye nach Agadez zurückkam, um ein ambulantes Gesundheitszentrum zu finanzieren. Oder auch die Brüder Marreau, die sich an allen Solidaritäts- und Wohltätigkeitsveranstaltungen für die Tuareg beteiligen. Seien es die Motorradfahrer Neveu, Auriol, Boudou ..., die Piloten oder ihre Kopiloten Gabreau, Gabbay, Fauconnier, Pescarolo, Fourticq, Vatanen, Lartigue, Chantal Nobel und andere, Journalisten, die der Rallye folgten, alle wurden als meine Freunde Mitstreiter für die Sache der Tuareg.

Sie wurden außergewöhnliche Freunde, die alles daransetzten, die Ungerechtigkeiten gegenüber den Tuareg anzuprangern; Ungerechtigkeiten wie zum Beispiel in Tchin-Tabaraden im Mai 1990 oder während der massenhaften willkürlichen Festnahmen im August 1992. Diese Männer und Frauen, mit denen ich einige Augenblicke des Glücks und der Sorglosigkeit geteilt hatte, waren in den kritischen Momenten, die mein Volk in den vergangenen Jahren immer wieder durchmachen musste, stets zur Stelle.

In wirtschaftlicher Hinsicht war die Rallye für unsere ganze Region sehr gewinnbringend. Während dieser beiden Monate im Jahr geriet in Agadez und seiner Umgebung alles in Bewegung. Alle Bewohner taten ihr Bestes, um diese freundlichen Lenkrad-Irren willkommen zu heißen und dazu noch die Leute, die manchmal so weit gingen, private Jets zu chartern, um genau an dem Tag in Agadez zu sein, an dem die Rallye Paris–Dakar hier haltmachte. Es war die Gelegenheit, Freunde zu empfangen: François Siegel von der Zeitschrift VSD, Hervé Bourges, den damaligen Generaldirektor des Fernsehsenders TF1, oder Jacques Lanzmann, den großen europäischen Nomaden. Stärker als sonst war Agadez Treffpunkt für Reisende, Zivilisationen, Kulturen und Freunde.

Im Lauf der Jahre entstand zwischen Thierry Sabine und mir ein enges Vertrauensverhältnis. Er war ein außergewöhnlicher Mann mit besonderem Charisma. Seine Liebe zur Wüste war grenzenlos. Er bewunderte das Volk der Tuareg sehr und hatte eine hohe Achtung vor ihm. Immer öfter nahm er die Rallye zum Vorwand, um die Wüste, ihre Bewohner und seine Freunde wiederzusehen. Während eines verrückten Abenteuers verstand er, Solidarität, Bindungen und Freundschaften aufzubauen, so stark und unzerstörbar wie die Wüste selbst. Ich liebte ihn vor allem wegen dieser Fähigkeiten.

Mit Thierry haben wir dann die Etappen in der Ténéré festgelegt, die später zur Legende der Rallye Paris–Dakar wurden. Unsere kleine Mannschaft markierte die Trassen und Wegepunkte von einem Erg zum anderen. Ivan Lossouacn legte den Kurs fest, und Suzanne Fournais, Thierrys Lebensgefährtin, zeichnete Dünen und Berge, um den Teilnehmern die Orientierung zu erleichtern. Suzanne war eine mutige und verdienstvolle Frau, deren dänischer Akzent unsere Biwaks in den Dünen mit Leben und mit Spaß erfüllte.

Während einem der improvisierten Autorennen mit unseren Geländewagen forderte mich Thierry heraus, als Konkurrent an der offiziellen Rallye teilzunehmen. Und im folgenden Jahr fand ich mich als Pilot am Steuer eines Rennwagenprototyps wieder. Damit hatte ich mich ziemlich weit von den Karawanen nach Bilma entfernt, an die ich denken musste, als ich die Ténéré in weniger als zwei Stunden in meinem Rennwagen durchquerte. Aber ein solches Rennen gegen die Zeit hatte ich mir während dieser Rallye nicht zum Ziel gesetzt.

Im Geiste stellte ich mir vor, wie die Rallye eines Abends bei Einbruch der Nacht haltmachte, zur Stunde dieser unerbittlichen Einsamkeit, der jeder Mensch in der Wüste gegenübersteht und die in ihm Sehnsucht und Angst weckt. Da wurde ich plötzlich zum Anhalten gezwungen durch etwas, dessen Anblick sich zutiefst in mein Gedächtnis eingegraben hat. Ich fand gerade noch Zeit zu bremsen und sah mich umgeben von den Trümmern des Hubschraubers von Thierry Sabine. Neben mir saß Bernard Didelot, tief erschüttert über diesen tragischen Unfall; in diesem unwirklichen Augenblick zwischen Tag und Nacht schauten wir schweigend auf die leblosen Körper unserer Freunde, die in der Wüste, die ihre zweite Heimat geworden war, starben: Thierry Bagnou, der Pilot, N. Odent, eine Journalistin, und Daniel Balavoine, der alle seine Energie für die Bewohner der Sahelzone hingegeben hatte.

Die Nachricht versetzte allen Teilnehmern der Rallye einen furchtbaren Schock und schlug am nächsten Tag in der Presse wie eine Bombe ein. Sollte die Wettfahrt jetzt abgebrochen werden, oder sollten wir, nunmehr verwaist, dieses schreckliche Abenteuer zu Ende führen? Nach einer langen Nacht beschlossen wir alle gemeinsam, bis zum Schluss weiterzumachen, wie um der Wüste, die unsere Freunde vernichtet hatte, die Stirn zu bieten. In Bamako trafen wir Suzanne und mussten ihrem Blick voll Traurigkeit und Schmerz standhalten. Bis Dakar übernahm Patrick Verdoy die Leitung einer von Trauer überschatteten Rallye.

Ich weiß, dass die Rallye sehr oft und vor allem während dieser schrecklichen Tage heftig kritisiert wurde. Aber ihre Kritiker kennen nicht die positive Auswirkung auf die Wirtschaft und die Öffentlichkeit, die der Bevölkerung und den Regionen zugute kam. Wer nie vor Ort die ökonomischen, medizinischen, humanitären Hilfsprogramme gesehen hat, die durchgeführt werden konnten, weil die Rallye durch diese Gebiete führte, kann sich ihre positive Seite sicherlich nicht vorstellen.

Vor allem durch die ausgezeichneten und genauen Berichte über die Rallye in den Medien bekamen viele Europäer und insbesondere Franzosen Lust, die Wüste aller Wüsten und ihre Bewohner zu entdecken. Unsere Region wurde in der ganzen Welt bekannt, da auch große Filmemacher angezogen wurden wie Bernardo Bertolucci, der nach Agadez und in die Ténéré kam, um hier den in der Wüste spielenden Teil seines Films *Der Himmel über der Wüste* zu drehen. (Obwohl in dem Roman von Paul Bowles, der dem Drehbuch zugrunde liegt, die Handlung ausschließlich in Marokko spielt!) Auch Claude Lelouch drehte hier einige Szenen seines Films *Un homme et une femme, vingt ans déjà (Ein Mann und eine Frau – 20 Jahre später).* Aus der ganzen Welt strömten die Berichterstatter zahlreicher Fernsehsender zu uns. Die Ténéré, gestern nur ein von der grenzenlosen Sahara umschlossenes Stück Wüste, wurde jetzt dank unserer Anstrengungen weltweit berühmt. Wir waren glücklich und stolz.

Während dieser Zeit hatte ich mich der Entwicklung unserer Region verschrieben, wollte nicht eine einzige günstige Gelegenheit verstreichen lassen, um die Medien einzuschalten oder wirtschaftliche Verbesserungen durchzufechten. Mein Privatleben litt darunter. Odile zog mit den

Kindern nach Niamey, und ich war zum ersten Mal allein in meinem Haus aus *banco,* umgeben von meinem Garten, den Oleanderbüsche, Bougainvilleas, Hibiskus und Schön-Caesalpinien in eine wundervolle Oase verwandeln. Ich litt unter der unerträglichen Einsamkeit, die der Fortgang geliebter Menschen verursacht. Die Erinnerung an ihre Gesichter und an gemeinsam verbrachte Augenblicke vertiefte mein Einsamkeitsgefühl, vor allem nachts, wenn Stille das Haus erfüllte und mir ihre Abwesenheit verdeutlichte. Nur das Bellen Aybors, meines *slughis,* antwortete auf das Rauschen des Windes in den Eukalyptusbäumen. Auch er hatte gewiss Sehnsucht nach seinen beiden kleinen Spielgefährten. Während meiner einsamen Abende dachte ich oft, dass es kein größeres Leid gibt, als Kinder zu haben und nicht sehen zu können, wie sie leben, wie sie aufwachsen.

Ein Unglück kommt selten allein. Einige Zeit später war es mit dem wirtschaftlichen Aufschwung unserer Region und den Hoffnungen, die sich für die Bewohner daran knüpften, plötzlich vorbei. Ein tragisches Ereignis erinnerte uns daran, dass wir als Tuareg von der übrigen Gesellschaft Nigers ausgegrenzt bleiben. Im Mai 1990 schlossen sich einige Jugendliche zusammen und begannen zu rebellieren, da sie das Elend ihrer Familien nicht mehr ertragen konnten. Diese lebten in Flüchtlingslagern zusammengepfercht und warteten auf ungewisse, immer wieder fehlgeleitete Hilfsgüter. Auf den Überdruss der Jugend und der vernachlässigten Bevölkerung antworteteten die Politiker und die militärischen Autoritäten mit blindwütiger Gewalt.

Innerhalb weniger Stunden überzog das Militär das Gebiet um Tchin-Tabaraden mit einem Kontrollnetz und schritt zu den allerschlimmsten Demütigungen, zu Folter und Mord. Kinder wurden vor ihren Eltern getötet, Männer wurden nackt auf Lastwagen durch die Lager gefahren.

Nach den Folterungen gab Hauptmann Maliki in der Kaserne den Sterbenden den Rest. Die Brunnen der Umgebung wurden vergiftet oder von der Armee bewacht, die die ankommenden Nomaden massakrierte. Da flohen viele Tuareg, um in der Wüste vor Durst zu sterben!

Präsident Ali Chaibou versuchte zu rechtfertigen, was nicht zu rechtfertigen war: Im nationalen Fernsehen sprach er von der Bedrohung durch bewaffnete, schreckliche Rebellen, doch die Leichen, die man fand, waren die von Frauen, Kindern und Greisen, und alle inhaftierten Männer wurden wenig später mangels Beweisen freigelassen! Später sprach er von »Schönheitsfehlern«, die zum Tod von siebzig Tuareg geführt hätten, während Monseigneur Berlit, der Bischof von Niamey, einer Journalistin des *Express* die schreckliche Bilanz von sechshundert Toten nannte.

Ebenso furchtbar wie die verbissene Wut und der unbegründete Hass, mit dem diese Grausamkeiten begangen wurden, waren die Leiden, die unserer Gemeinschaft zugefügt wurden. Greise kamen und erzählten mir weinend, was sie hatten mit ansehen müssen. Ihre Tränen der Empörung, der Verzweiflung und der Hoffnungslosigkeit erschütterten mich zutiefst.

In meinem Kopf geriet alles ins Wanken. Wie angesichts eines solchen Hasses weiterleben, weiterhin gut essen und gut schlafen? Welche Erfolge wären bei einer solchen Ablehnung und Verachtung unserer aufopferungsvollen Arbeit, unserem Bemühen um Integration, unseren politischen Anstrengungen beschieden? Wie sich gütlich einigen mit denen, die wieder einmal versucht hatten, die Tuareg-Gesellschaft zu vernichten?

Ich wollte versuchen, etwas zu unternehmen, und fuhr nach Niamey, um den Botschafter Frankreichs, Herrn Lunven, zu treffen. Ich kannte das große ökonomische und politische Gewicht Frankreichs in unserem Land, und ich wusste, dass Frankreich genug Autorität besaß, um dem Massaker Einhalt zu gebieten. Herr Lunven hörte mir aufmerksam zu und bat mich, ihn nach seiner Unterredung mit dem Präsidenten wieder aufzusuchen. Als ich zum zweiten Mal mit ihm sprach, musste ich zu meiner Überraschung hören, dass unser lieber Präsident die Situation für »nicht allzu ernst« hielt und sogar darüber erstaunt war, dass man ihr so viel Aufmerksamkeit schenkte.

Ich begriff, dass es nichts zu hoffen gab in einem Land, in dem die höchste politische Macht die Wahrheit leugnet und der Armee Rückendeckung gibt, die in völliger Straffreiheit morden darf. Deshalb flog ich nach Europa, um hier von den Gräueln zu berichten, die gewisse Menschen im Niger so gleichgültig ließen.

Ich richtete mich in Paris ein und gründete dort die Vereinigung TILALT. Alle Medien – Printmedien, Fernsehen und Radio – waren bereit, über die Ereignisse von Tchin-Tabaraden zu berichten. Petitionen, die die Massaker verurteilten, wurden unterzeichnet von bekannten Persönlichkeiten, von Menschen auf der Straße, von Menschen, die die Wüste liebten, von all denen, die ein Ende der Barbarei wollten. Menschenrechtsvereinigungen, vor allem Amnesty International, schlossen sich unserem Kampf gegen die Ungerechtigkeit und den Hass an.

Ich versuchte auch, Politiker in Belgien und Frankreich zu mobilisieren. Bernard Kouchner, damaliger Minister der *Action humanitaire,* fuhr sogar in den Niger, um sich vor Ort eine Meinung zu bilden, und er äußerte öffentlich seine Kritik an dem, was im Niger geschah. Dort wurde ihm von den Vertretern der Obrigkeit und vom französischen Botschafter, den eine so mutige Aussage störte, ein recht kühler Empfang bereitet.

Madame Danielle Mitterrand sagte zu, mich in Verbindung mit ihrer Vereinigung »France-Libertés« zu empfangen, um sich über die Tragödie von Tchin-Tabaraden informieren zu lassen. Nach meinem Bericht über die dort verübten Gräuel war sie ehrlich betroffen und bat Präsident Ali Chaibou in einem Brief, alles zu veranlassen, dass solche Massaker aufhörten. Noch heute berührt mich die Haltung von Madame Mitterrand, ihre überströmende Güte, ihr Verständnis und ihr Gerechtigkeitsgefühl. Sie glaubt an ihren Kampf für das Recht auf Leben und auf Freiheit. Zwei so kostbare Begriffe für uns Tuareg.

Tchin-Tabaraden bedeutete für die Tuareg eine entscheidende Wende. Die Ereignisse haben zu einer Einsicht geführt, die uns jede Hoffnung und alle Illusionen, Demokratie und Gerechtigkeit durchzusetzen, nahm. So schuf menschlicher Wahnsinn eine revolutionäre Stimmung mit dramatischen Folgen für den Niger und das friedliche Zusammenleben seiner Volksstämme. Tchin-Tabaraden war ein entscheidender Einschnitt in der Geschichte unserer jungen Nation.

Einige Tuareg beschlossen, zu den Waffen zu greifen, und sie zogen sich in die natürliche Festung, die das Aïr-Massiv bildet, zurück. Andere wollten an eine politische Lösung glauben und bereiteten sich auf die Nationale Konferenz vor. Wie in zahlreichen anderen westafrikanischen Ländern wehte auch im Niger ein günstiger Wind für die Umstrukturierung der politischen Grundlagen, die Präsident Mitterrand beim Gipfeltreffen in La Baule angeregt hatte. Man musste alles versuchen, damit die Nationale Konferenz, diese große Plattform der Demokratisierung, eine Richtung einschlagen würde, die den Hoffnungen unseres Volks entsprach.

Damals habe ich schreckliche innere Kämpfe ausgefochten. Ich war hin und her gerissen zwischen den beiden Richtungen, die sich in unserer Gemeinschaft abzeichneten. Ich wusste, dass vom Niger in politischer Hinsicht nichts zu erhoffen war. Die Mentalität in diesem Land war keineswegs schon so weit, dass ein politisches System und eine Regierungsform, die allen Volksgruppen der Nation im Rahmen eines föderativen Staates Selbstverwaltung einräumten, akzeptiert worden wären.

Ich konnte mich jedoch nicht dazu durchringen, mich den Rebellen anzuschließen. Der Gedanke, Männer töten zu müssen und ihre Kinder zu Waisen zu machen, schockierte mich. Zudem wusste ich, dass der Kampf lange dauern würde und unser Volk entsetzlich leiden müsste. Aber wir mussten politische Veränderungen herbeiführen, die allerdings zu den politischen Strukturen der afrikanischen Länder in Widerspruch stehen würden. Indem wir diese von Frankreich übernommenen Strukturen veränderten, würden wir die wichtigsten Beamten am Quai d'Orsay und im Elysée-Palast unweigerlich gegen uns haben.

Ich versuchte, den Weg der politischen Auseinandersetzung zu gehen. Im November 1990 gründeten wir zusammen mit einigen Freunden in Agadez eine neue politische Partei, die UDPS. Wir brachten das allergrößte politische Engagement auf, schwankten ständig zwischen dem Gefühl der Hoffnung und dem der Angst vor der Erfolglosigkeit unserer Bemühungen.

Unsere Partei hatte sehr schnell einen erstaunlich großen Zulauf, fast die gesamte Bevölkerung Nord-Nigers – in der Mehrzahl Tuareg – gehörte ihr schließlich an. Viele Politiker des Landes nannten die UDPS deshalb »die Tuareg-Partei«. Ich denke, dass sie diese Situation nur benutzten, um unsere Aktion abzuwürgen und unsere Bemühungen um eine politische Organisation in Misskredit zu bringen.

Zur Vorbereitung der Nationalen Konferenz, die im Juli 1991 eröffnet werden sollte, organisierte unsere Partei Informationsreisen, Konferenzen, Meetings. Unermüdlich erklärten wir unser politisches Hauptziel: die Schaffung eines föderativen Systems, das allen nationalen Gemeinschaften erlauben würde, sich im Rahmen ihrer soziokulturellen Besonderheiten und unter Wahrung ihrer Identität zu entwickeln. Durch diese neue politische Organisationsform könnte endlich die gesamte Bevölkerung des Niger in gegenseitiger Achtung und Anerkennung zusammenleben. Wenn es uns gelingen würde, zu einer föderativen Lösung zu kommen, wäre die nationale Einheit gefestigt. Die Autonomie der einzelnen Regionen würde die ökonomische Entwicklung vorantreiben, und vielleicht könnten wir einen Bürgerkrieg verhindern.

Unglücklicherweise war im Niger niemand bereit, solche politischen Projekte ernst zu nehmen. Dennoch setzte ich meinen Kampf als Sekretär der UDPS für Außenbeziehungen fort in der Hoffnung, dass uns auf der Nationalen Konferenz fortschrittliche Menschen hören würden. Wie schwer ist der politische Kampf, dem der Misserfolg droht!

Gleich zu Beginn der Nationalen Konferenz mussten wir zurückstecken. Das Wort »Föderalismus« war tabu, und jeder Tuareg, der davon sprach, war ein potentieller Rebell.

Alle Diskussionen, die wir auf diesem großen nationalen Treffen führen wollten, wurden, kaum begonnen, sogleich abgeklemmt oder rasch abgehakt. Wir fanden nicht einen einzigen Gesprächspartner, mit dem wir über das Problem der Minoritäten hätten sprechen können: über das Aufgeben aller wirtschaftlichen Projekte in Nomadengebieten, über die ungenügende oder zusammengebrochene medizinische Versorgung, über die im Norden und im Süden so unterschiedliche Verteilung der Schulen, über das Problem der Viehzucht …

Aber das Allerschlimmste war das Gerichtsurteil über das, was die Konferenzteilnehmer verschämt »die Affäre von Tchin-Tabaraden« nannten. In Gegenwart der Kinder und der Familien der Opfer dieser schrecklichen Massaker berichteten die Henker den eintausendzweihundert Delegierten von ihren Verbrechen. In das Gedächtnis aller Tuareg wird für immer Hauptmann Maliki eingebrannt sein, Militärchef während der Repressionen in Tchin-Tabaraden, der mit einem Lächeln auf den Lippen erzählte, wie er dem siebzigjährigen Abdoulmoumine durch einen Revolverschuss in die Schläfe den Rest gegeben hatte. Er erzählte das ruhig, ohne Gewissensbisse und ohne Scheu vor laufenden Kameras den Delegierten, und einige klatschten diesem »Helden« Beifall.

Da begriff ich, dass der Bruch besiegelt war. Die Kinder Abdoulmoumines, die im Saal anwesenden Familien, alle Tuareg des Niger, die das sahen oder hörten, waren vor Grauen erstarrt, gedemütigt von einer solchen Verachtung, empört über so viel Hass. Wozu dienten die überzeugenden Reden, das Mehrparteiensystem, die nationalen Aussöhnungsprogramme? Dieser Demokratisierungsprozess war sicher für den Niger eine gute Sache, aber er unterstrich einmal mehr die Isolation und die Ausgrenzung der Minoritäten. Wieder sagte ich mir, dass die Rebellen vielleicht recht hatten und dass man uns keine andere Wahl ließ, als mit Waffen zu kämpfen.

Diejenigen unserer Brüder, die bereits zu den Waffen gegriffen hatten und sich in der FLAA zusammenfanden, warteten noch das Ergebnis der Nationalen Konferenz ab, bevor sie zur Tat schritten. Nach dem Misserfolg und der Demütigung starteten sie eine erste Attacke gegen eine Militärpatrouille der nigerischen Armee. Wegen der Gefahr einer Ausweitung dieses Konflikts mobilisierte ich alle Intellektuellen der Tuareg, die sich dem politischen Kampf verschrieben hatten, und wir gründeten Vermittlungskomitees, um der Übergangsregierung von Amadou Cheffou Möglichkeiten zu eröffnen, mit den Rebellen in einen Dialog einzutreten und dadurch, vielleicht, den Krieg zu verhindern.

Mein Haus in Agadez lebte im Rhythmus unserer Komitee-Versammlungen. Jeden Tag kamen Tuareg zu Dutzenden aus dem gesamten Land und boten ihre freiwillige Mitarbeit an, um in gemeinsamer Anstrengung mit uns den Frieden zu schaffen. Während dieses Winters von 1991 auf 1992 versammelten sich in jedem Zimmer meines großen Hauses Tuareg, Mitglieder der UDPS, Oberhäupter größerer Fraktionen oder einfache Bürger.

Aber unsere Aktion für den Frieden wurde sofort von denen verleumdet, für die eine angespannte Situation von Vorteil war. Aus der Nationalen Konferenz war ein dreiköpfiges Führungsgremium hervorgegangen, und jeder dieser drei Staatsführer versuchte, mit stärkerem Einfluss als vorher aus der Krise hervorzugehen. André Salifou lehnte als Präsident des HCR, des Hohen Rats der Republik, der als legislatives Organ beauftragt war, die neue Verfassung zu formulieren, jeden Vorschlag ab, der seinen Gegnern, dem Premierminister der Übergangsregierung Amadou Cheffou und dem Präsidenten der Republik, Ali Chaibou, einen politischen Erfolg verschaffen könnte. Daher wurden alle Mitglieder unserer Komitees regelmäßig von der Polizei überprüft und der Komplizenschaft mit den Rebellen angeklagt. Von allen Regierungsmitgliedern war nur ein einziger Mann ehrlich bemüht, den Dialog in die Wege zu leiten und eine Logik des Friedens zu schaffen: der Tuareg Mohamed Moussa, unser Innenminister.

Mohamed Moussa wusste, welche Tragödie sich anbahnte, und er war bereit, mit unseren Komitees zusammenzuarbeiten und zu versuchen, ein Treffen mit den Rebellenführern zu organisieren. Seine mutige Vermittlertätigkeit hat ihm einen scharfen Verweis seitens seiner politischen Vorgesetzten und der Verantwortlichen im HCR eingebracht, die die Existenz des Problems leugneten, um nicht mit den Rebellen verhandeln zu müssen. Während dieser Zeit setzten sich unsere Komitees über alle drohenden Gefahren hinweg, um den Beginn eines Dialogs vorzubereiten. Ich selbst durchstreifte den Aïr und die Ténéré, traf mich mit den Rebellen, überbrachte ihnen die Vorschläge Mohamed Moussas und holte ihre Meinung ein.

Im Januar 1992 konnte ich die Rebellen überzeugen, ihren Gefangenen, den Unterpräfekten Waddine, freizulassen und ihn zum Übermittler eines Dialogangebots an die Regierung zu machen. Die Armee, die befürchtete, dass es sich um eine Falle der FLAA handelte, weigerte sich, den Präfekten von Agadez, Moktar Incha, zu eskortieren. Auf seine Bitte und die des Innenministers erklärte ich mich einverstanden, den Präfekten und seine Begleiter zu dem Ort zu führen, wo der Unterpräfekt in die Freiheit entlassen werden sollte. Nach endlosen geheimen Verhandlungen konnten wir schließlich aufbrechen und waren gegen zweiundzwanzig Uhr auf der Piste nach Bilma. Um zwei Uhr morgens erreichten wir den kleinen, alleinstehenden Berg in den Dünen, bei dem der Unterpräfekt uns erwarten sollte. Dort fanden wir jedoch nur einen leeren Wasserkanister. Ich rannte von einer Düne zur anderen und rief nach Waddine. Aber nur die Leere, nur die Stille der Wüste antworteten mir. Nach einigen Stunden mussten wir aufgeben und nach Agadez zurückkehren.

Schlimmste Vermutungen quälten uns. Hatten die Rebellen beschlossen, ihren Gefangenen zu töten? War er allein zu Fuß zum Treffpunkt aufgebrochen und hatte sich der schrecklichen Kälte der Winternächte in der Ténéré ausgesetzt? Lag er irgendwo entkräftet, nur einige Schritte von uns entfernt? Am Ortseingang von Agadez kamen wir an einem parkenden Lastwagen vorbei, dessen Passagiere im Sand des Wadi schliefen. Dort sahen wir eine allerletzte Chance, und überrascht und glücklich entdeckten wir den Unterpräfekten unter dem Lastwagen, vor der Kälte geschützt in seine Decke eingerollt!

Einige Wochen später versuchten wir, ein zweites Treffen zu organisieren. Zwölf der einflussreichsten Mitglieder der Tuareg-Gemeinschaft brachen zu den Rebellen auf, begleitet von Soulé Souleymane, dem ersten Sekretär des Innenministers, um ihnen ein Diskussionspapier zu unterbreiten.

Diese Fahrt wird für mich eine der schönsten Erinnerungen aus jenen stürmischen Monaten bleiben. Wir reisten in ständiger Angst vor der Armee, waren zu allen Opfern bereit, um eine Hoffnung auf Frieden zu gewinnen. Am Abend während unserer Biwaks erzählten einige alte Tuareg-Oberhäupter, die zum ersten Mal die große Ténéré besuchten, bewegt von ihren Kindheitserinnerungen an die Nomadenlager der Sahel-Ebenen des Azawagh. Mit jedem Tag, an dem Soulé Souleymane einen neuen Teil seines Volkes und seines Landes entdeckte, der bis dahin für alle Leute des Südens mit einem Tabu belegt worden war, verlor er ein wenig mehr von seinen Vorurteilen. Wir tranken gemeinsam Tee aus unseren Gläsern und erzählten dabei von unserer jeweiligen Kultur, unserer Geschichte, unseren Traditionen. Jeder Augenblick, den wir miteinander erlebten, brachte uns einander näher. Wir waren uns der Unterschiede bewusst, stolz auf sie und bereit, sie mit den anderen zu teilen, sodass eine gegenseitige Bereicherung stattfand. An manchen Abenden glaubte ich, dass diese seit der Unabhängigkeit so oft zitierte nationale Einheit zum Greifen nah sei.

Unglücklicherweise führte diese Reise und unser Treffen mit den Rebellen zu nichts. Als wir wieder in Niamey waren, dankte man Soulé Souleymane für seine Mission, aber die Antworten der Rebellen auf die Vorschläge der Regierung blieben tote Buchstaben. Die Regierung war in der Tat unfähig zu reagieren; die politischen Querelen zwischen den drei Machthabern wurden von Tag zu Tag stärker. Man sabotierte jede Friedensinitiative und kritisierte die Mitglieder der Vermittlerkomitees mit einer von Tag zu Tag wachsenden Schärfe. In einigen Reden wurden die Rebellen und die zivile Tuareg-Gemeinschaft in einen Topf geworfen. Die heftigste Kritik richtete sich gegen Mohamed Moussa, der sich, aus seinem Ministerbüro verjagt, in einer Zelle im Gefängnis von Niamey wiederfand!

Angesichts dieser obstruktiven Haltung und im Bewusstsein, dass der Konflikt zu explodieren riskierte, beschloss ich, nach Paris zu fliegen und bei den französischen Ministerien Alarm zu schlagen. Ganz naiv dachte ich, dass sich die Situation entspannen könnte und Frankreich seinen ganzen Einfluss im Niger ausüben würde, um den Dialog in Gang zu bringen. Am 1. März 1992 flog ich nach Paris. Hoffnungsvoll, aber auch voll Ungewissheit verließ ich mein Land, meine Frau und meine Kinder, die in Niamey zurückblieben.

Im Elysée-Palast wurde ich zwar von Thierry de Beaucé, einem engen Mitarbeiter Präsident Mitterrands, empfangen, der sich aufmerksam meine Analyse der Krise in meinem Land anhörte, doch die Türen des Quai d'Orsay blieben mir hermetisch verschlossen. Einige hohe Beamte des Ministeriums hatten offenbar schon eine festgefahrene Meinung über den Vorgang und über die von mir unternommenen Schritte. Diese Meinung war ihnen gewiss von jenen eingeblasen worden, für die ich seit meiner öffentlichen Kritik an den Massakern von Tchin-Tabaraden ein »gefährlicher Agitator der Tuareg« war.

Da die politisch Verantwortlichen dermaßen versagten, blieb mir nichts anderes übrig, als die öffentliche Meinung zu mobilisieren, um endlich eine Reaktion der Regierenden zu provozieren. Ich wusste auch, dass wir, indem wir die Öffentlichkeit informiert hielten, die Übergriffe gegen die Zivilbevölkerung begrenzen und die unmittelbare Folge solcher Übergriffe vermeiden könnten: die Massenflucht in die Grenzgebiete. Die Henker agieren nicht gern im Scheinwerferlicht der aktuellen Meldungen!

In Verlegenheit gebracht, versuchte die Regierung des Niger, diese neue Initiative abzuwürgen: Einige Wochen nach meiner Ankunft in Frankreich beschloss sie meine polizeiliche Überprüfung. In Paris erfuhr ich aus einem Telegramm der AFP, dass ich bei meiner Rückkehr in den Niger festgenommen würde. Mein Haus war von der Gendarmerie besetzt, die Agentur *Temet-Reisen* von der Regierung amtlich versiegelt worden. Das Symbol des ökonomischen Erfolgs unserer Region hatte man ins Visier genommen und zerstört. Das Personal von *Temet-Reisen* war arbeitslos und hatte keine andere Wahl, als sich den Rebellen anzuschließen oder ins Exil zu gehen. In Sorge um meine Familie bat ich Odile, Mawli und Madani zu mir nach Paris zu schicken.

Wie während der Ereignisse von Tchin-Tabaraden mobilisierte ich wieder alle meine europäischen Freunde, und wir gründeten im ehemaligen Büro von *Temet-Paris* die Assoziation Touaregs. In wenigen Tagen zählten wir mehrere Hundert Anhänger: meine Rallye-Freunde, Reiseleiter, Touristen, die die Ténéré liebten, ehemalige Mehari-Reiter. Jeden Morgen bekamen wir Solidaritätsbezeugungen aus ganz Frankreich, aus der Schweiz, aus Deutschland, Schweden, den Vereinigten Staaten, Mauretanien, Algerien …

Uns war klar, dass das Informieren und Sensibilisieren der Öffentlichkeit unsere einzigen Trümpfe in diesem Kampf gegen Ungerechtigkeit und Unterdrückung waren. Wir organisierten daher im Musée de l'Homme mit der Unterstützung seines Mitarbeiterstabs die Fotoausstellung *Touaregs, dix grands photographes témoignent (Tuareg, zehn berühmte Fotografen legen Zeugnis ab).* Alle großen Saharafotografen stellten unentgeltlich ihre Bilder zur Verfügung, die Firma Fuji machte freundlicherweise in ihrem Labor die Abzüge. Edmond Bernus schrieb die Begleittexte, die es dem europäischen Publikum erlauben würden, unser

Volk und unsere Kultur kennenzulernen. Dank Christian Michel, einem Freund aus der Werbebranche, den ich auf einem Kamelritt für Touristen getroffen hatte, bekamen wir von mehreren Pariser Werbefirmen wie Métrobus unentgeltlich einen Platz für unsere Werbung in der Métro und auf den Straßen der Stadt.

Ich habe oft die Kritiken verleumderischer Gegner gehört oder gelesen – Journalisten, Politiker, Afrikanisten, Tuareg-Gegner – in denen sie uns beschuldigten, Finanzmittel aus dunklen Kanälen und in fantastischer Höhe (einige behaupteten, die Assoziation Touaregs bekäme täglich eine Million Francs!) von geheimen Gruppen zu erhalten, die in einigen afrikanischen Ländern die Durchsetzung der Staatssouveränität bekämpfen. Diesen antwortete ich, dass sich die Gelder der Assoziation einzig und allein aus Spenden unserer Anhänger zusammensetzten; dass die meisten unter ihnen, Studenten, Pensionäre, Lohnabhängige oder auch Arbeitslose, etwas von ihren mageren Einkünften abzweigten, um die Sache eines Volks zu unterstützen, das sie liebten. Das Resultat unserer Arbeit und dieser fantastischen Solidarität wurde überall in Paris öffentlich sichtbar auf Plakaten von drei mal vier Metern, auf denen über die Aktivitäten der Assoziation und die Fotoausstellung informiert wurde, die am 3. Juni 1992 in Paris im Musée de l'Homme von Madame Danielle Mitterrand eröffnet werden sollte.

Selbst da stießen wir noch auf Befürchtungen und Unverständnis der französischen Verwaltung, der keineswegs daran lag, dass Madame Mitterrand ihrer Solidarität mit den in Not geratenen Tuareg Ausdruck verleihe. Wir waren allen nur denkbaren Schikanen ausgesetzt. Zwei Tage vor den Eröffnungsfeierlichkeiten hatten wir immer noch keine offizielle Genehmigung für die Ausstellung. Alle Mitglieder der Assoziation verbrachten Tage und ganze Nächte damit, noch mehr Briefe zu schreiben und noch mehr Telefonate zu führen. Die ängstlichen Beamten hofften bestimmt, dass wir vor ihrer Langsamkeit und all den Schwierigkeiten kapitulierten. Aber nichts und niemand wird die besiegen, die eine gerechte Sache verfolgen.

Erst am Abend des 2. Juni erhielten wir schließlich die Genehmigung, in der Halle des Musée de l'Homme auszustellen unter der Bedingung, dass ich während der Eröffnung auf keinem Fernsehschirm erschiene. Am Morgen des 3. Juni wimmelte es in der Halle von unseren Freunden und den vielen Tuareg, die aus allen Winkeln Frankreichs gekommen waren, um uns zu helfen. Uns blieben neun Stunden, um an die Hundert Fotos, Karten und Begleittexte aufzuhängen und die Beleuchtung zu installieren.

Um 19 Uhr eröffnete Madame Mitterrand die Ausstellung. Die Eröffnungsfeier wurde ein großer Erfolg. Madame Mitterrand schüttelte mir lange die Hand. Es rührte sie, an unserer Seite zu stehen, und sie war sich sichtbar aller Schwierigkeiten bewusst, die man uns in den Weg gelegt hatte. Die Ausstellung war ein fabelhaftes Mittel, die Öffentlichkeit weiterhin über die Tragödie, die die Tuareg im Niger und in Mali durchleiden mussten, zu unterrichten. Später reiste die Ausstellung durch ganz Frankreich – nach Le Touquet, ins Departement Drôme, nach Aix-en-Provence, in die Bretagne –, und die Assoziation bekam Hunderte von Briefen ihrer Anhänger, die ihre Sympathie und ihre Solidarität zum Ausdruck bringen wollten.

Aber die Politiker des Niger wie auch diejenigen Frankreichs wandten den Blick ab und gaben nur vor zuzuhören. Sie waren mit anderem beschäftigt, vor allem mit

Wahlen … Im August 1992 diente der Regierung des Niger eine Meuterei der Armee als vorgeschobener Grund, mehrere Hundert Tuareg festzunehmen, Frauen, Kinder und Männer aus den Nomadenlagern, Korangelehrte, politische Führer, den amtierenden Minister Mohamed Moussa, den Präfekten Al Moktar Incha und Berufssoldaten. Viele wurden auf bestialische Weise gefoltert. Am Abend ließen die Soldaten die Geiseln Gräber ausheben, trennten sie von den anderen und schossen Salven in die Luft, um den Eindruck zu erwecken, es handle sich um Massenhinrichtungen, und um dadurch das Entsetzen, das bereits unter der Zivilbevölkerung herrschte, zu vergrößern. Der Niger glaubte, eine endgültige Lösung für das Tuareg-Problem gefunden zu haben. Der Gipfel des Grauens, der menschlichen Dummheit und des Rassenhasses war erreicht.

Einzig Deutschland verurteilte diese Verletzung der Menschenrechte und der demokratischen Grundsätze, auf die der Niger sich berief. Frankreich ließ durch den Sprecher des Quai d'Orsay in einem lakonischen Telegramm verlauten, es wünsche für die festgenommenen Personen ein ordentliches Gerichtsverfahren. Besser kann man außergesetzliche Festnahmen nicht unterstützen!

Diese letzten Ereignisse vertieften unsere revolutionäre Stimmung. Anfang September organisierten wir eine Demonstration auf der Place du Trocadéro in Paris, auf der wir diese Ungerechtigkeiten anprangerten und die Befreiung aller ziviler Gefangener forderten. Théodore Monod, Richard Bohringer, Jessica Ford, die Frau von Richard Berry und viele andere Freunde gingen an unserer Seite. François Siegel überließ uns eine Seite in seinem Magazin VSD für eine Petition der Assoziation Touaregs, die wir an die Machthaber im Niger senden wollten. Wir bekamen Tausende von Unterschriften, die wir nach Niamey schickten.

Dort wurde die Lage immer ernster. Die Rebellenführer, die sich auf Einladung Algeriens nach Tamanrasset begeben hatten, wurden festgenommen! Die Kämpfer, die an den Stützpunkten geblieben waren, vermehrten ihre militärischen Aktionen. So griffen sie in Aballa eine Parteiversammlung der MNSD an, an der der Parteipräsident Tanja Mamadou teilnahm, Präsidentschaftskandidat und Feind der Tuareg. Wir waren in eine schreckliche Phase des Konflikts eingetreten: Nichts bewegte sich mehr.

Einige Tage später wurde ich zum Quai d'Orsay bestellt, wo mir ein Oberst und ein hoher Beamter, Monsieur Philibert, noch einmal Frankreichs Haltung auseinandersetzten. Mit zeitlichem Abstand verstehe ich heute, dass diese Beamten die schwierige Aufgabe hatten, das Problem zu bearbeiten, ohne sich dabei zu offen zu engagieren, um den Ablauf der Wahlen im Niger nicht zu stören und die Empfindlichkeiten einer mit Frankreich befreundeten Regierung nicht zu verletzen. Wäre aber schneller eine Entspannung erreicht worden, hätten sich einige unserer französischen Gesprächspartner intensiver um eine Problemlösung bemüht – wie viel Unglück, wie viel schmerzvolle Zwietracht hätten wir verhindern können!

Der Leiter der Abteilung für afrikanische Angelegenheiten im Elysée-Palast, Monsieur Bruno Delay, zeigte sich dagegen viel offener, verständnisvoller und bemühter, aber ich musste die Tatsachen anerkennen: Die Staatsraison ignoriert die politischen Vorstellungen einer Nomadengesellschaft weit hinten in der Wüste der Sahara!

Während dieser Zeit bemühte sich Claude Zilberzahn, Generaldirektor des DGSE, intensiv, Frankreich dazu zu bewegen, seine ambivalente Haltung aufzugeben und endlich die Rolle des Vermittlers zu übernehmen, damit im Niger Frieden geschaffen werden könnte. Mehrmals traf ich mit ihm zusammen und erklärte ihm die eigentlichen Ursachen des Tuareg-Konflikts und wie dringlich es sei, in den Dialog einzutreten, bevor es zu spät wäre. Nach Kontaktaufnahmen mit Präsident Mitterrand und Politikern des Niger teilte er mir schließlich mit, dass Frankreich bereit sei, die Vermittlerrolle zu übernehmen, und dass er selbst dabei als »Wegbereiter« tätig würde. Das war endlich etwas Konkretes und Positives.

Von diesem Tag an war die Hoffnung berechtigt, dass dem Niger ein schrecklicher Bürgerkrieg erspart bliebe. Wir setzten alle Energie ein, um den Dialog in Gang zu bringen. Aber sehr schnell tauchte ein neues, heikles Problem auf: Die Delegierten der Rebellen sollten zu einem ersten Treffen mit den Regierungsvertretern zusammenkommen, aber die Mehrheit der Rebellenführer war in Algerien inhaftiert. Während meiner häufigen Anfragen bei den algerischen Autoritäten wurde mir klar, dass diese Inhaftierungen keinesfalls zufällig, sondern das Ergebnis einer wohlüberlegten Berechnung waren. Algerien wollte nämlich nicht aus dem Prozess der Verhandlungen ausgeklammert sein. Es wollte seinen regionalen Einfluss behalten und die Diskussionen kontrollieren, deren Ergebnisse unweigerlich auch die Tuareg und Berber Algeriens beeinflussen würden.

Auch für uns in Paris gab es ein großes Problem: die Tuareg, die zu einem Treffen mit Vertretern Niameys bereit waren, nach Frankreich kommen zu lassen. Binnen weniger Tage mussten wir unter den Tuareg Oberhäupter, die unser ganzes Volk repräsentierten, ausfindig machen, ihnen die Flugtickets und die Papiere schicken. Mit unseren dürftigen Mitteln jonglierten wir so lange herum, bis wir es geschafft hatten, alle zum vereinbarten Termin zu versammeln. Wir saßen Ministern des Niger gegenüber, von denen viele überhaupt nichts über das Tuareg-Problem wussten. Dennoch gelangten wir zur Vereinbarung eines Waffenstillstands. Darüber hinaus gab es auch Bezeugungen guten Willens, durch die unser Anliegen vorangebracht wurde. Ein wichtiger Schritt war getan: Frankreich und Algerien teilten sich die Vermittleraufgaben.

Als Datum für die Präsidentschafts- und Parlamentswahlen im Niger, durch die die Übergangsregelung beendet werden sollte, wurde Frühjahr 1993 festgelegt. Frankreich, das sich an die Verpflichtungen hielt, die Präsident Mitterrand in La Baule eingegangen war, unterstützte den Niger auf seinem Weg zu politischem Pluralismus und Demokratisierung. In meinem Zimmer in Paris dachte ich an alle Wählerstimmen der politischen Tuareg-Führer, die im Niger in ihren Gefängniszellen saßen und an diesem demokratischen Konzert nicht teilnehmen konnten. Zwar arbeitete ich weiter auf einen Dialog und auf die Durchsetzung des Friedens hin, aber eingeengt durch die moralischen Verpflichtungen Frankreichs, die Unaufrichtigkeit oder Ohnmacht der Regierenden meines Landes und das niederdrückende Elend der Tuareg, fühlte ich mich oft vollkommen machtlos und entwaffnet.

Die Silvesternacht des Jahres 1992 verbrachte ich zusammen mit meinen alten Freunden der Rallye Paris–Dakar, die traditionell am 1. Januar in Paris beginnt. Da traf ich alle wieder, die nicht aufgehört hatten, meinen Kampf zu begleiten, die die Jahre der Freude und der Hoffnung an meiner Seite verbracht und im Unglück auf jeden Appell an ihr Herz geantwortet hatten. Aber trotz ihrer Unterstützung und ihrer Freundschaft, trotz der Solidarität aller, die mir während der langen in Europa verbrachten Monate beigestanden hatten, sah ich meinen Platz von nun an bei den Meinen. Ich wusste für mich keine andere Lösung mehr, als zu den Rebellen zu gehen, um vor Ort einen allerletzten Versuch zum Dialog in die Wege zu leiten. Danach würde ich mich entschließen müssen, zu den Waffen zu greifen.

Am 2. Februar 1993 setzte mich ein Flugzeug mitten in der Ténéré ab. Auf dieser ungewöhnlichen Flugverbindung zwischen Paris und der Ténéré begleiteten mich Kriska und Idil, die Algerien endlich freigelassen hatte. Im Flugzeug befanden sich zwei beladene Geländewagen. Ich war tief gerührt, als ich die Wüste wiedersah, die ich fast ein Jahr zuvor verlassen hatte. Ich wusste, dass diese Mission eine der schwierigsten würde. Wir mussten vor allem die Rebellen ausfindig machen, die ihre Stützpunkte kurz vor unserer Ankunft verlegt hatten. Natürlich hatte ich versucht, Mohammed Ixa in kodierten Botschaften über unsere Ankunft zu informieren, später aber mussten mir alle eingestehen, dass sie meiner Geschichte von Passagieren und Autos, die mitten in der Wüste vom Himmel fallen würden, nicht geglaubt hatten.

Nachdem wir einen Tag lang in den Dünen und den Ergs gesucht hatten, kamen wir an eine Barriere aus Holzstämmen, die über zwei Fässer gelegt worden waren. Unmittelbar darauf waren wir von bewaffneten Rebellen umringt. Nach einem kurzen Moment des Zögerns und des Zweifelns brach unsere Wiedersehensfreude aus. Die Mehrzahl der Kämpfer dieses Camps waren Iforas, was wir vorher nicht wissen konnten, da wir die neuen Positionen der Stützpunkte nicht kannten. Etwas weiter oberhalb im Wadi von Charchif befand sich eine andere Gruppe, die der Azawagh-Tuareg. Rhissa Ag Boula und die Stämme aus dem Norden hatten sich in Taghajit festgesetzt. Solche Trennungen beunruhigten mich. Ich befürchtete eine Aufspaltung der Rebellion durch verschiedene Stammesinteressen. Meine Enttäuschung war umso größer, als ich eine in sich einige und homogene Gruppe erwartet hatte, die für dieselbe Sache und dasselbe Volk kämpfte. Die interne Zersplitterung erinnerte mich an jene während der Revolte Kaossens im Jahre 1917. Eine solch traurige Wiederholung der Geschichte machte mich betroffen. Hatten wir denn gar nichts aus unserer Vergangenheit gelernt?

Mit Kriska überlegten wir lange, wie man einen Bruch verhindern könnte, der ernste Folgen für die Tuareg haben würde. Ich schlug während einer Versammlung vor, dass die bereits existierenden Gruppen zu Fraktionen umgeformt würden, die jede über eine gewisse Autonomie verfügen sollte. Ich regte zudem an, dass die Führer der drei Tuareg-Gemeinschaften Aïr, Azawagh und Ténéré einen gemeinsamen Führungsstab bilden sollten. Das würde die Aufsplitterung verhindern und zugleich die regionalen Besonderheiten und Empfindlichkeiten berücksichtigen.

Dieser Vorschlag wurde als Separatismus bewertet und abgelehnt, und zwar gerade von denen, die heimlich an der Spaltung der Rebellion arbeiteten. Später gaben sie mir sogar die Schuld an der Aufspaltung der FLAA. Andere, die sich zu sehr an ungestraften Machtmissbrauch gewöhnt hatten, konnten sich nicht mit meiner Forderung anfreunden, alle Übergriffe auf Zivilpersonen einzustellen. Ich verlangte die Rückgabe sämtlicher gestohlener Güter vor allem an die dörflichen Kooperativen. Den Arabern des Azawagh sollten die gestohlenen Wagen zurückgegeben werden. Mit dieser Forderung machte ich mir einige Hitzköpfe zum Feind, die sich unter die Rebellen gemischt hatten, um von der Bevölkerung Geld zu erpressen. Die Rebellen mussten ganz entschieden zur Einheit und zu besserer Moral geführt werden. Unsere ewigen Feinde würden sonst nicht zögern, das alterslose, üble Klischee zu verbreiten, das aus jedem Tuareg einen Plünderer, einen unabhängigen und unkontrollierbaren Kämpfer macht.

Ich verlor nicht aus dem Blick, dass für mich der Hauptgrund, in den Niger zurückzukehren, die Befreiung aller zivilen Tuareg aus den Gefängnissen war. Dazu musste um jeden Preis der Kontakt zu den Vermittlerländern aufrechterhalten bleiben, um den Friedensprozess nicht zu unterbrechen. Dank meines Sprechfunkgeräts und eines Abonnements bei der Relais-Station Radio Saint-Lys in Toulouse blieb ich mit der Außenwelt in Verbindung. Was für eine seltsame Erfahrung, von den Dünen der Ténéré aus die ganze Welt zu erreichen!

Wir vereinbarten ein Treffen mit den französischen Vermittlern, die uns zu einem ersten Gespräch mitten in der Wüste aufsuchten. Ein unvorstellbares Ereignis: Der große Transall-Träger fuhr kreuz und quer durch die Dünen und machte dann mitten im Sand, zwischen unseren Jeeps und unseren Kämpfern halt.

Es waren irreale und anachronistische Augenblicke. Wir breiteten eine Tuareg-Decke im Schatten einer Akazie aus, die diese erste ernsthafte diplomatische Unterredung beschützte. Die französischen Vermittler nannten uns die Vorschläge der Regierung des Niger: Um zivile Tuareg aus den Gefängnissen des Landes zu bekommen, sollten wir Gefangene der Rebellen freilassen. Über diesen Kuhhandel waren wir empört. Wir lehnten es ab, unschuldige Zivilpersonen, Bürger des Niger, gegen Militärs, Gendarmen und Söldner auszutauschen, die man mit der Waffe in der Hand gefangen genommen hatte.

Eine solche Erpressung war absurd und blockierte die weitere Diskussion. Das Flugzeug flog über die Ténéré davon. Wir überlegten, welchen Standpunkt wir am besten vertreten sollten, und gingen alles durch. Schließlich kamen wir zu dem Ergebnis, dass wir die Wahlen abwarten sollten, deren Termin näherrückte, um dann mit nur einem, gesetzmäßig gewählten Gesprächspartner ernsthaft verhandeln zu können. Um einen ungestörten Ablauf der Wahlen zu gewährleisten und um die Spannungen abzubauen, würden wir einen einseitigen Waffenstillstand einhalten. Der französische Vermittler bat uns um die Geste, darüber hinaus unsere Gefangenen freizulassen. Wir gingen darauf ein, allerdings nicht ohne heftigen Widerspruch in unseren Reihen.

Wie vorherzusehen, versuchte die Übergangsregierung, die Öffentlichkeit im Niger glauben zu machen, dass unsere humanitäre Geste ein gegenseitiger Austausch von Gefangenen gewesen sei. Mein einziger Trost wird das Bild der zweiundzwanzig Gefangenen auf ihrem Weg zum Flugzeug bleiben, das sie nach mehr als einem Jahr der Trennung zu ihren Familien zurückbringen sollte. Diese Freilassung fand in einer Atmosphäre der Freude und Ergriffenheit statt. Freude über die Befreiung und Vorfreude auf das Wiedersehen. Ergriffenheit, sich von den Rebellen trennen zu müssen, mit denen die Gefangenen eine intensive Zeit erlebt, mit denen sie nahezu Freundschaft geschlossen hatten. Am nächsten Tag berichteten sie im nationalen Fernsehen von der guten Behandlung, die ihnen von den

Rebellen trotz der extremen Bedingungen zuteilgeworden war. Solche freundlichen Worte für Menschen, die man als Feinde der Nation betrachtete, waren in Niamey nicht nach jedermanns Geschmack …

Einige Tuareg, die die Regierung angeblich im Austausch freigelassen hatte, waren weiterhin in Haft. Sie wurden im Gefängnis von Niamey teilweise von den Strafgefangenen als Geiseln festgehalten! Es wurde politischer Druck ausgeübt, die rechtzeitige Freilassung der Tuareg-Führer hinauszuzögern, damit sich keiner bei den Präsidentschafts- und Parlamentswahlen aufstellen lassen konnte. Und auch der politische Kniff war alsbald gefunden: Man ließ sie vorübergehend frei, was ihnen jedes Wahlrecht nahm. Keiner von ihnen durfte bei diesen ersten demokratischen Wahlen unseres Landes wählen, keiner sich als Kandidat wählen lassen. Ohne Kandidaten keine Gewählten. Die Tuareg bekamen keinen einzigen Sitz in der neuen Nationalversammlung. Unsere Gegner hatten gute politische Arbeit geleistet, um uns einen Maulkorb zu verpassen und uns noch weiter auszugrenzen.

Im April 1993 wurde Mahamane Ousmane dank der Koalition einer Vielzahl kleiner Parteien zum Präsidenten gewählt. Wenigstens hatten wir die Rückkehr der einstigen Einheitspartei, der MNSD, an die Macht verhindert, deren radikale Methoden denjenigen einer rechtsextremen Partei in Europa entsprechen. Durch das Parteienbündnis hatte der neue Präsident einen nur geringen Handlungsspielraum und musste die Empfindlichkeiten einer Armee, die immer zum Putschen bereit war, berücksichtigen. Das würde unsere Verhandlungen mit ihm nicht erleichtern.

Juni 1993. Es fielen die ersten großen Regen. Die Wadis verwandelten sich wieder in Flüsse, die Weiden wurden grün, das Leben gewann – noch einmal – die Oberhand in den Nomadenlagern des Aïr und des Azawagh.

Ein Teil der Widerstandsgruppen, vor allem meine Gruppe und die von Rhissa, verlegte sich in südlichere Gebiete. Die Azawagh-Gruppe blieb im Greboun. Der Bruch war endgültig vollzogen, obgleich alle gegen eine Aufspaltung gekämpft hatten. Der französische Vermittler lud uns nach Paris zu Verhandlungen ein. Ich führte eine Delegation an, in der durch Kriska, Nanako, Bella und Issouf unsere »wunden Punkte«, unsere unterschiedlichen Tendenzen, repräsentiert wurden.

In Paris trafen wir mit der Regierungsdelegation zusammen, die von dem alten Maï Maïgana, einem ruhigen, besonnenen und klugen Mann, geleitet wurde. Die Diskussionen waren hart und heftig. Nach fünf Tagen musste Maï Maïgana nach Niamey, um den Rat seiner Regierung einzuholen. Bei seiner Rückkehr teilte er uns mit, dass alle vorgetragenen Forderungen vom Niger akzeptiert würden.

Es handelte sich dabei vor allem um die Freilassung aller noch in Haft befindlichen Tuareg, die sofortige Einrichtung eines Hilfsprogramms für die Not leidende Bevölkerung durch den Vermittler, den Abzug der Armee aus den nördlichen Gebieten und ihre Rückkehr in die Kasernen, die Beendigung des Ausnahmezustands im Norden und die Unterzeichnung eines dreimonatigen Waffenstillstands.

Gleich nach der Unterzeichnung dieses Abkommens sendete Radio France Internationale eine Erklärung von Rhissa ag Boula, die über Ewanghé aus Djanet gekommen war, dass er diesen Waffenstillstand ablehne. Das war der härteste Schlag gegen die Einheit unserer Bewegung. Wir wollten nicht glauben, dass Rhissa, dessen Fraktion auch innerhalb unserer Delegation repräsentiert gewesen war, der Urheber einer solchen Stellungnahme sein konnte. Aber als wir aus Paris zurückkamen, war die Ernüchterung groß.

Die FLAA bekannte sich zu dem Schreiben. Die Azawagh-Gruppe hatte sich während unserer Abwesenheit abgespalten und eine eigene Front gebildet, die ARLN. Die so sehr gefürchtete Zersplitterung hatte nicht vermieden werden können.

Frankreich hielt sein Versprechen und schuf in Arlit ein Gremium aus neun Militärs als Verbindung zwischen uns und der Regierung des Niger.

Die Gruppe von Rhissa und die ARLN mit Attaher an der Spitze wandten sich Algerien zu. Die Rebellion verfiel in schreckliche Kämpfe um Einflussbereiche mit all ihren schmerzlichen Folgen. Ehemalige Kampfesbrüder von mir, die nun Anhänger dieser beiden Gruppierungen waren, verkündeten in Algerien und Libyen lauthals, dass ich übertrieben »pro-französisch« geworden sei. Da ich nun alle Hoffnung verlor, unsere Gruppen wieder vereint zu sehen, gründete ich in der Absicht, den während der Verhandlungen in Paris eingegangenen Verpflichtungen nachzukommen, die FLT.

Während meiner Bemühungen um eine erneute Annäherung befanden sich Rhissa und Attaher in Algerien. Am 15. August 1993 traf sich die FLT allein mit einer Regierungsdelegation im Aïr, um die Umsetzung der Vereinbarungen zu besiegeln.

Die Beziehungen zwischen den drei Fraktionen blieben bis Oktober 1993 gespannt. Dann aber stimmten alle der Idee eines Zusammenschlusses zu. Von nun an waren die Herzen und Köpfe frei von der schrecklichen Last der

Zersplitterung und der brudermörderischen Kriege. Die gesamte Tuareg-Gemeinschaft des Niger feierte die wiedererlangte Einheit, denn die Zwietracht war bis in die Nomadenlager und die Stämme hineingetragen worden. Der Vermittler und die Regierung des Niger beglückwünschten sich zu diesem Zusammenschluss, der die Wiederaufnahme der Gespräche ermöglichte.

Die drei Fraktionen schlossen sich in der CRA zusammen, wählten ein Vorstandsgremium und ernannten mich zum Präsidenten. Wir legten ein gemeinsames politisches und militärisches Programm fest. Frankreich sollte Hauptvermittler sein, assistiert von Algerien und Burkina Faso. Eine erste Verhandlungsrunde wurde für Februar 1994 in Ouagadougou vereinbart.

Gleichzeitig mit diesen Ereignissen lief die Vermittlertätigkeit der DGSE aus und ging in die Verantwortung von Beamten am Quai d'Orsay über. Lag zuvor die Vermittlung in den Händen von kompetenten Kennern der Sachlage, die sehr wohl wussten, dass der größte Feind, gegen den sie in ihrer schwierigen Mission kämpfen mussten, die Zeit und die Gefahr des allmählichen Versandens waren, so lag sie jetzt zwar auf offiziellerer und diplomatischerer Ebene, war aber manchmal doch zu weit von den örtlichen Realitäten entfernt. Der Quai d'Orsay ernannte Monsieur Nodinot, einen ehemaligen Botschafter, zum Vermittlungsleiter.

In Ouagadougou empfing uns Präsident Blaise Compaoré. Die Delegation der Tuareg war glücklich, ein Bild der Einigkeit abgeben zu können. Als die Regierungsdelegation ankam, zu der ungefähr zehn alte Tuareg gehörten, wurde die Situation heikel. Auf ungeschickte Weise wollte Niamey uns glauben machen, dass es ebenfalls »seine« Tuareg hatte. Die alten Tuareg erklärten verlegen, die Regierung habe sie gebeten, als Zeugen bei der Unterzeichnung der Verträge anwesend zu sein.

Nach diesem unnötigen Zwischenfall kam die schwierige Arbeit, Einverständnis in der Frage, welche Länder offizielle Vermittler sein sollten, herzustellen. Unwidersprochen von beiden Seiten blieb die Wahl Frankreichs wegen seiner geschichtlich bedingten Verantwortung im Niger. Die inneren Probleme Algeriens ließen befürchten, dass dieses Land sich nicht vollständig der Vermittleraufgabe widmen könnte. Aber Algerien war keineswegs damit einverstanden, sich aus einem Vorgang verdrängen zu lassen, den es für seine eigenen Interessen sehr wichtig fand. Nach vielen vertraulichen Gesprächen und Telefonaten mit Paris und Algier schlug ich einen Kompromiss vor.

Wir bereiteten zwei Dokumente mit Lösungsvorschlägen vor. Das erste bestimmte Frankreich zum Vermittler zwischen den Delegationen, und das zweite – dieses wurde veröffentlicht – enthielt den Plan, ein Vermittlungskomitee aus den drei Ländern Algerien, Burkina Faso und Frankreich zu schaffen. Aber Algerien weigerte sich, das erste Dokument zu unterzeichnen. Wir gingen auseinander, enttäuscht, dass wir bei der Suche nach einer politischen Lösung unseres Problems nichts erreicht hatten, dass alles beim Alten blieb.

Das nächste Treffen sollte in Paris stattfinden, wurde aber ständig verschoben. Im Land stieg die Spannung von Tag zu Tag. Die Feindseligkeiten flammten wieder auf. Die Rebellen führten einen kühnen Schlag gegen die Uranbergwerke in Arlit. Bestimmt würde die Armee mit Repressalien antworten. Wir waren alle in höchster Alarmbereitschaft. Zwölf Tage lang wehte ein Sandsturm, der den Bäumen und Felsen ein gespenstisches Aussehen verlieh. Wir vermehrten unsere Angriffe, und die Armee, die sich in dem Labyrinth der Berge des Aïr nicht zurechtfand, blieb oft ohnmächtig. Jede Woche, die verstrich, gefährdete den zerbrechlichen Dialogversuch, den wir begonnen hatten.

Die nächsten Verhandlungen fanden schließlich im Juni 1994 in Paris statt. Guter Dinge reisten wir an, im Bewusstsein, realisierbare Vorschläge erarbeiten zu müssen. Unser politisches Projekt hatte als oberstes Ziel, so schnell wie möglich den Frieden in unserem Land wiederherzustellen. Es unterstrich unseren Wunsch, im Niger ein politisches System zu schaffen, das allen nationalen Volksgemeinschaften das Recht zuerkannte, sich gemäß ihrer Besonderheiten und ihrer kulturellen Identität frei zu entwickeln. Um das durchzusetzen, schlugen wir Einzelheiten für eine neue verwaltungstechnische Aufteilung vor. Den Regionen sollte durch Regionalversammlungen mit gewählten Vertretern die Möglichkeit zur Selbstverwaltung gegeben werden. Die Zentralregierung würde bestimmte Vorrechte behalten, wie z. B. das Bestimmungsrecht über die Armee, die Außenpolitik und die Währung. Zudem würde sie ein gewisses Kontrollrecht über die in den Regionalversammlungen gefällten Entscheidungen erhalten.

Unser Projekt löste zahlreiche Diskussionen aus und stieß auf erheblichen Widerspruch. Uns führte es viele Jahre zurück in eine Zeit, in der wir schon einmal einen bestimmten Typ von Föderalismus durchsetzen wollten. Der seither beschrittene Weg war allerdings von Kämpfen, Unglück, Ungerechtigkeit und Elend gesäumt.

Die Versammlung in Paris endete mit einem halben Misserfolg. Man ging nach Hause, und niemand war auch nur einen Schritt von seiner Position abgewichen. Allerdings hatte eine gewisse Annäherung zwischen der Regierungsdelegation und der Delegation der CRA stattgefunden. Am Tag der Abreise versammelte ein gemeinsames Essen die Delegationen und die Vermittler. Zum ersten Mal ergriff ich im Namen unserer Delegationen das Wort. Gewiss, es war nur ein Dank, waren nur Worte über ein zukünftiges Treffen, aber ich glaube, der symbolische Wert war groß.

Wir kehrten in unsere Wüste zurück, zu den Kämpfern, aber auch zu all den Tuareg unseres Landes, die jedem dieser Treffen große Erwartungen entgegenbrachten. Wir mussten die Antworten der Regierung abwarten, die Bedingungen prüfen, die anzunehmen wir bereit waren, um endlich eine greifbare Hoffnung auf Frieden zu schaffen. Der Sommer kam und mit ihm die Regenzeit, er brachte aber auch eine Zeit des Stillstands in diesem Prozess, denn durch die Sommerpause in Europa und Afrika verlangsamten sich alle politischen Aktivitäten.

In den seltenen Augenblicken meines Alleinseins in den Bergen des Aïr und den Dünen der Ténéré, die mich aufwachsen sahen, dachte ich wieder, dass kein Mensch sich in einer kulturellen Haut entwickeln kann, die nicht die seine ist und die man ihm aufzwingen will; dass gerade der Unterschied Reichtum und Kraft hervorbringt. Ich rief mir alles, was ich in meiner Kindheit, auf meinen Reisen, aus meinen Begegnungen, von meinen Freunden und in meinen Kämpfen gelernt hatte, in die Erinnerung zurück. Aber dort, als ich die Grenzenlosigkeit meiner Wüste betrachtete, wurde mir bewusst, dass jede dieser Erfahrungen mich zwar bereichert hatte, dass ich aber nie im Innersten Ethnologe, Leiter eines Reiseunternehmens, Rallyefahrer oder Medienheld sein, sondern immer das Kind des Sandes und der Wüstenschule bleiben würde.

Während der Sommermonate dieses Jahres griff die CRA mehrere strategische Ziele an, um die Regierung und die Vermittler so schnell wie möglich zur Wiederaufnahme der Verhandlungen zu bringen. Von Mal zu Mal verschärfte sich die Spannung. Ich fühlte, dass wir an einem Punkt angelangt waren, von dem es keine Umkehr mehr gab. Waren wir nun endlich bereit, einander zu verstehen? Oder waren wir zu weit gegangen, um noch auf einen ausgehandelten Frieden hoffen zu können?

Ende September 1994 versammelten wir uns wieder in Ouagadougou. Viele von uns sahen dieses Treffen als letzte Chance an. Noch einmal würden wir nicht mit nichts als Versprechungen auf irgendwelche zukünftigen Verhandlungen zu unseren Kampfesbrüdern und zu unserem Volk zurückkehren können.

Einige Tage nach unserer Ankunft trat die Regierung des Niger von Präsident Mahamane Ousmane zurück, was der brüchigen Koalition ein Ende setzte. Die Regierungsdelegation kehrte zu Beratungen mit dem Präsidenten nach Niamey zurück. Die Veränderung der politischen Situation im Niger war für uns ganz entschieden nicht von Vorteil.

Doch wir nahmen unsere Arbeit am 4. Oktober wieder auf. Alle Teilnehmer waren in diesen Tagen von dem Wunsch beseelt, endlich ein Ziel zu erreichen. Die Verhandlungen dauerten den ganzen Tag und manchmal auch bis spät in die Nacht hinein. Nach jedem Arbeitstag prüften die Vermittler vollkommen unparteiisch die Möglichkeiten für einen Kompromiss, der unseren jeweiligen Positionen gerecht würde. Am 7. Oktober wurden die Verhandlungen wegen eines Artikels im Vertrag, den die Regierungsdelegation nicht annehmen wollte, unterbrochen. Am 8. Oktober trafen wir wieder zusammen und waren uns bewusst, dass wir am Rande des endgültigen Scheiterns standen. Die Diskussionen dauerten zwölf Stunden, und die Vermittler arbeiteten bis zum frühen Morgen an der Abfassung eines Vertrages.

Am 9. Oktober 1994 unterzeichneten wir unter den Augen des Präsidenten von Burkina Faso, Blaise Campaoré, das *Friedensabkommen zwischen der Republik Niger und der Coordination de la Résistance Armée (CRA)* – nach drei Jahren schrecklichen Kampfes.

In mehrfacher Hinsicht schufen wir damit den Rahmen für eine neue Regionalstruktur unter Berücksichtigung der Verfassung unseres Landes, formulierten die dringlichsten Maßnahmen und endgültige Vorkehrungen, um in unserer Heimat, dem Niger, zu einem Klima des Friedens und der Gerechtigkeit zu kommen, in dem alle unsere Volksgemeinschaften miteinander leben konnten.

An jenem Tag begann die schwierigste und zugleich motivierendste Arbeit, die es gibt: den Frieden aufbauen. Um das Abkommen in die Praxis umzusetzen, ist der Kampf wieder aufgenommen worden, doch in einem anderen Sinn. Es ist ein Kampf für den Aufbau. Lange werden wir kämpfen müssen für die Einrichtung von Schulen, Gesundheitszentren und Ambulatorien, von Projekten für das Handwerk und den Tourismus, für die Entwicklung unserer Ressourcen, Grundlage für ein freies Leben als Bürger des Niger. Wieder weiß ich, dass wir auf alle unsere Freunde zählen können, Männer und Frauen, die guten Willens sind und die mein Volk und seine Kultur wertschätzen und lieben.

Wir werden alle Kräfte brauchen, und ich weiß, dass jeder Tuareg über sie verfügt. Diese Kräfte sind es, die uns geholfen haben, die schrecklichen Jahre des Konflikts zu überstehen, die Zwietracht zu überwinden, zu kämpfen und diesen Frieden zu erreichen. Unsere ungeheure Widerstandskraft gegenüber Leiden und Ungerechtigkeiten ist es, die uns immer wieder auferstehen lässt, so wie das Leben in unserer lebensfeindlichen Wüste nach jeder Regensaison wiedergeboren wird.

Wenn ich von der Höhe meines Felsens die Wüste betrachte, die meinen Vater als Nomaden sah und vor ihm den Vater meines Vaters und alle Väter meiner Tuareg-Brüder, weiß ich, dass wir aus dieser Wüste die notwendige Kraft und Weisheit ziehen werden, um die Welt aufzubauen, die wir uns für unsere Familien und für unsere Kinder erträumen.

Epilog

Das Abkommen von Ouagadougou war richtungsweisend für den endgültigen Friedensvertrag zwischen der Regierung des Niger und der Tuareg-Rebellion. Die offizielle Unterzeichnung des Vertrags fand am 24. April 1995 statt. Nach einigem Zögern nahm Mano Dayak im Interesse des Friedens, dessen wichtigster Vorkämpfer er gewesen war, an der Zeremonie teil.

Aber im Dezember 1995 war der Friedensvertrag immer noch nicht mehr als ein Stück Papier. Mano beschloss daher, den Premierminister des Niger davon zu überzeugen, den Vertrag endlich in die Praxis umzusetzen. Am 15. Dezember bestieg er das Flugzeug in der festen Überzeugung, zu einem dauerhaften Frieden zu gelangen. Die Cessna explodierte beim Start.

Begegnungen mit Mano Dayak

Mohamed Akotey

»Rettet euren Freund, auch wenn es zu eurem Untergang führt.« Bis zu den letzten Augenblicken seines Lebens hat Mano dieses Wort zu dem seinen gemacht. Doch unter »Freund« verstand er in erster Linie »Blutsbruder«, denn er war zum entschlossenen Verteidiger seines Volkes geworden. Die Tuareg und die Wüste haben nicht nur einen Sohn verloren, sondern auch ihren größten Anwalt. Mano liebte in der Tat sein Volk genauso wie das Land, das es bewohnt. Die Hirten-Nomaden, von denen er abstammte, sind heute sehr geschwächt, so aggressiv ist die Welt um sie herum und von einer so erbarmungslosen, zerstörerischen Logik. Ihre Tage als eigenständige Gesellschaftsgruppe, die sich ihren Werten verbunden fühlt, sind gezählt. Wie kann man angesichts der bedrohten Existenz derer, die einem das Liebste sind, tatenlos bleiben? Mano kommt das Verdienst zu, sich diese Frage schon sehr früh gestellt zu haben. Er fühlte sich immer betroffen vom Elend der jungen Tuareg und vor allem derer, die den Schock des Exils erfuhren. Sein Engagement im bewaffneten Widerstand entsprang weniger der Lust am Krieg als vielmehr seinem sehnlichen Wunsch, Frieden zu schaffen. Er war immer der Überzeugung, das Leben junger Menschen sei von größerem Nutzen als ihr Tod.

Jetzt kann er in Frieden im Paradies ruhen, das Tuareg-Problem ist in der ganzen Welt bekannt, und, als krönender Abschluss: Der Friedensprozess ist im Niger und in Mali in Gang gekommen. Auf dem Weg zu diesem Frieden, der es den Tuareg ermöglichen wird, ihren Platz innerhalb der nationalen Volksgruppen wieder einzunehmen, hat er sein Leben verloren. Sein Kampf war nicht vergeblich. Gott vergebe ihm seine Fehler. Die Wüste schenke ihm in ihrer Unendlichkeit ewige Ruhe, die Ruhe des Helden.

Mohamed Akotey ist Staatsbürger des Niger und studiert in Paris politische Wissenschaften. Mano Dayak hatte ihm geraten, sein Studium fortzusetzen und sich nicht den Rebellen anzuschließen. Er wurde als Mano Dayaks Nachfolger zum Generalsekretär der FLT gewählt.

Allhousseini Mouloul

Er, den wir voller Respekt *amghar* nannten, hat uns verlassen, der Tod hat ihn vorzeitig unserer Liebe und der Zuneigung aller, die ihn kannten, entrissen.

Mano Dayak war ein außergewöhnlicher Mensch; er vereinte Güte und Hochherzigkeit, Offenheit und Herzlichkeit, Aufrichtigkeit und Feinfühligkeit. Er war von beispielhafter Einfachheit, die ihm das Vertrauen und die Bewunderung all jener eintrug, die mit ihm in Berührung kamen.

Er war zutiefst Tuareg, liebte sein Volk und sein Land über alles; er liebte den Aïr und die Ténéré, die er in der ganzen Welt bekannt und beliebt machte.

Sehr früh schon setzte Mano sich für sein Volk ein. Zunächst, um ihm in den schweren Zeiten der Trockenheit und der Hungersnöte zu helfen, indem er die internationale Öffentlichkeit durch seine Informationskampagnen aufmerksam zu machen suchte; später, indem er gegen die Ungerechtigkeiten, Ausgrenzungen und Massaker kämpfte. Mano war zutiefst Pazifist, alle seine Kämpfe hatten allein zum Ziel, die Öffentlichkeit zu sensibilisieren, damit die Gerechtigkeit durchgesetzt und die Menschenrechte respektiert würden.

Mano – ich, der ich dich seit unserer frühsten Kindheit, seit eh und je kenne, ich, der das Privileg hatte, zu deinen nächsten Vertrauten zu zählen, ich halte es für meine Pflicht zu sagen, wer du warst.

Als höchstes Opfer, *amghar,* hast du dein Leben für dein Volk hingegeben, damit es seine Würde, seine Freiheit und den Frieden wiedererlange. Als ich dich im August 1995 zum letzten Mal sah, bemerkte ich, dass du deinem Ideal treu geblieben warst, so wie ich dich immer gekannt hatte. Dein Kampf wird nicht vergeblich gewesen sein, und wir werden dich in unauslöschlicher Erinnerung behalten. Du wirst immer in uns gegenwärtig bleiben.

Wie du so oft gesagt hast: »Allah ist groß.« Mann des Friedens, ruhe in Frieden. Möge die Erde dir leicht sein. Amen.

Allhousseini Mouloul ist ehemaliger Staatssekretär im Planungsministerium und ehemaliger Botschafter des Niger.

Jean-Marc Durou

Nichts ist für mich so unvorstellbar wie ein Leben ohne Freundschaft, Freundschaft, nach der man sich sehnt und die so vielen unter uns nicht zuteil wird. Zu meinem großen Glück war Mano einer der Menschen, der dieses Gefühl mit mir teilte.

Seit unserem ersten Tag, seit unserem ersten Treffen vor bereits zweiundzwanzig Jahren herrschte zwischen uns ein tiefes Einvernehmen, das ohne Zweifel in unserer gemeinsamen Leidenschaft wurzelte: der Wüste, seiner Wüste.

Wie viele seiner alten Freunde hatte ich das Glück, ihn während kurzer Diners in Paris zu treffen oder ihm in Agadez zu begegnen. Ob in der Wüste oder auf Abendgesellschaften, er fühlte sich immer an seinem Platz, steuerte von einem zum anderen und fand für jeden ein treffendes Wort. Seine außergewöhnliche Aufmerksamkeit bezauberte alle, die in seine Nähe kamen. Er war sehr intelligent und zog eine ungewöhnliche Kraft aus seinen beiden Kulturen: der Kultur der Wüstenmenschen und die des Okzidents, die er so gut zu integrieren gewusst hatte.

Diese Fähigkeit, das Verständnis für die westliche Welt, ließ manchen fast vergessen, dass Mano in seinem Herzen Afrikaner blieb. Manche Europäer hielten ihn für einen der ihren, manche

Afrikaner bemängelten an ihm eine allzu große Anpassung. Alle irrten sie sich. Mano war vor allem stolz auf seine Zugehörigkeit zum Volk der Tuareg, zum Volk des Niger.

Die Rallye Paris–Dakar veränderte nach dem Tod seines Freundes Thierry Sabine ihr Wesen und ihre Zielsetzung, und Mano kam langsam wieder zu seinem Volk und zu seiner Wüste zurück.

In den Jahren, die dahingingen, entstand zwischen uns echte Zuneigung. Das ist nicht erstaunlich. Denn zahlreiche Menschen, die ihm begegneten, empfanden Zuneigung zu ihm. Ein Mann dieses Schlags kann niemanden gleichgültig lassen. Eines Tages muss man ihn einfach als jemanden, der zur Familie gehört, betrachten. Ich möchte heute die Erinnerung an Mano durch drei persönliche Beobachtungen wachrufen. Mano, das war der Mann in seinem Büro der Reiseagentur Temet-Reisen in Agadez, der den ganzen Tag am Telefon verbrachte, der organisierte und entschied, der die Probleme der Leute von der Rallye, vom Film und von den Sahara-Expeditionen anpackte. Ein richtiger Geschäftsmann. Und dann änderte sich plötzlich sein Verhalten: Ein alter Würdenträger der Tuareg trat in den Raum und bat ihn um einen Rat. Bevor er noch den Telefonhörer aufgelegt hatte, wurde Mano wieder der Mann der Wüste, bereit, in Ruhe diesem Bruder zuzuhören, der auf seinem Kamel gewiss aus einem fernen Wadi gekommen war.

Mano war die gute Laune, war das Lachen. Er liebte das Leben, und das hatte er nicht vom Okzident, sondern das kam aus seiner Tuareg-Kultur. Wir in unseren behaglichen Ländern können uns nur schwer vorstellen, dass die Tuareg, diese Menschen, die unter extremen Bedingungen, an der Grenze zwischen Leben und Tod leben, weder traurig noch düster noch pessimistisch sind. Sie können singen und lachen, und sie tun es gern.

Mano – das war ein letzter Telefonanruf wenige Tage vor seinem Tod. Zum ersten Mal seit sehr vielen Jahren war er glücklich, und immer wieder kam das Wort »Friede«, kaum vernehmbar durch die Störgeräusche seines Feldtelefons, bei mir an.

Heute wünsche ich, dass sein Wille, den Frieden zu erlangen, Gehör finde. Das ist das schönste Geschenk, das man Mano machen kann, der sein Leben für die Freiheit seines Volkes gab.

Jean-Marc Durou ist ehemaliger Saharaführer, bekannter Fotograf der Wüste und Autor von dreizehn Büchern.

Paul Faizant

Meine Frau Suzel und ich trafen Mano im August 1972 im Festungsturm von Père de Foucauld. Ich habe einen 8-mm-Film aus dieser Zeit, von diesen Erinnerungen. Ich wusste damals nicht, dass uns dieses Stückchen Film eines Tages zum Weinen bringen würde. Bis dahin waren wir einfach glücklich und, ich gebe es zu, sehr stolz, Mano auf den Film gebannt zu haben. Wenn wir diese Bilder zeigten, hörten wir: »Mano hat sich nicht verändert, hat immer noch dieselbe Noblesse, dasselbe Lächeln, denselben Blick.«

Damals sah ich nicht, dass dieser Blick voll von Träumen war, die jenen Martin Luther Kings ähnelten, Träume für die Würde, die Freiheit und den Frieden seines Landes. Im Film *Les enfants du Paradis (Die Kinder des Olymp)* heißt es: »Die Leute mögen nicht, wenn man träumt, und deshalb prügeln sie auf uns ein.«

»Prügeln!« Es gibt Schläge, von denen Mano mit Humor berichtet. In seinem Brief aus Indianapolis vom 26. August 1973 schrieb er uns: »Ich habe Euren Brief vom 18. Juni erhalten. Er hat zwei Monate zu Hause auf mich gewartet! Ich musste von Kanada auf die Antillen fliegen, um hier mein Visum für Kanada zu beantragen; ich musste das Land verlassen, um mein Visum beantragen zu können!«

»Prügeln!« Es gab Schläge, über die er voller Entmutigung schreibt, wie in seinem Brief vom 27. Februar 1979: »Liebe Freunde, endlich komme ich dazu, Euch zu schreiben. Schwierigkeiten mit der Arbeit haben mich in eine so vertrackte Lage gebracht, dass ich nicht wusste, was ich von mir berichten sollte. Kurz nach Eurer Abreise aus Agadez erfuhr ich, dass der Innenminister sich meinem Vorhaben, in Agadez eine Reiseagentur einzurichten, widersetzte. Und seitdem habe ich viele Schritte unternommen, um seine Gründe zu erfahren. Schließlich musste ich alles aufgeben. Ich musste Agadez verlassen (nicht ohne Schmerz) und nach Niamey ziehen, wo ich beinah ein Unbekannter bin.«

Mano wird nie ein Unbekannter sein. Die Schläge konnten ihm nichts anhaben. Mano ist nicht mehr. Er hat unser Leben reicher gemacht. Er zog uns in sein Vertrauen zum Leben hinein. Er verbreitete Friedfertigkeit. Er trug in sich die Gabe zum Frieden. Ich mag das Wort Rebell, das man ihm anheftet, ganz und gar nicht. Wenn er rebellisch war, dann der Rachsucht, der Gewalt gegenüber.

Paul Faizant ist Lehrer.

Mohamed Ixa

Mano, mein Bruder, wenn wir beide in die Wüste gingen, dann war ich es manchmal, der den richtigen Weg fand. Aber auf dem Weg des Lebens warst du mein Führer. Du bist gestorben, damit die »blauen Menschen« frei und in Frieden in ihrer Wüste wandern können. Du bist gestorben, damit die Tuareg, die Söhne der *imuar,* Meister ihres Schicksals werden.

Allah ist groß, Mano, – und der Wind, der über die Ténéré weht, wird deine Botschaft niemals auslöschen.

Mohamed Ixa ist Tuareg-Führer.

Moustapha Liman Chaffi

In vorislamischer Zeit lebte in Arabien ein Mann, sein Name war Hatem, der als Inbegriff der Großzügigkeit galt. Er war zudem als Besitzer eines herrlichen Vollblutpferdes bekannt. Leute aus den entlegensten Gebieten reisten an, um es zu bewundern.

Eines Abends suchten Menschen von den äußersten Grenzen Arabiens Hatem auf, um sein Vollblutpferd zu kaufen, koste es, was es wolle. Ihr Gastgeber, der so viel verschenkt hatte, besaß nichts mehr, um es den hungrigen Reisenden zum Essen vorzusetzen. Ohne ihnen etwas zu sagen, ließ er das edle Pferd schlachten, und schwelgend genossen sie das Mahl.

Nach dem Essen erklärten die Besucher Hatem, dass sie gekommen seien, sein berühmtes Pferd zu kaufen.

»Welchen Preis Ihr auch nennt, wir nehmen ihn an.«

»Ach«, seufzte Hatem, »es ist vor ein paar Tagen gestorben …«

Genauso hat mein Freund, mein Bruder Mano Dayak sein letztes Gut verschenkt. Seine Großzügigkeit macht ihn an der Schwelle zum zweiten Jahrtausend Hatem ebenbürtig.

Mano, von Frieden und Gerechtigkeit durchdrungen, hat weder sein Pferd noch sein Kamel geopfert. Er hat sein Leben gegeben für den Frieden, für die Gerechtigkeit und für das Volk der Tuareg, das er in seinen Ansprüchen und in seiner heiteren Gelassenheit selbst verkörperte.

Ich möchte einige Worte zitieren, die er in hellsichtiger Demut und Bescheidenheit über die Landschaft schrieb, in der er geboren wurde, in der er starb und in der er heute begraben ist: »Die Wüste kann man nicht mit Worten beschreiben. Man muss sie leben. Nach dem Bild der Landschaft, in der er lebt, hat sich der Tuareg geformt, er fordert sich Bescheidenheit ab, um zu überleben, aber auch Strenge und Stärke, um sich zu verteidigen.

Die Wüste ist es, die mich das Zwiegespräch mit der geheimnisvollen Unendlichkeit lehrte. Die Wüste, das ist das Geheimnis des Windes, der die Dünen vor sich hertreibt und ihnen die seltsamsten Formen mit den reinsten Linien verleiht.«

Die reinsten Linien … Meinem Bruder Mano, der durch ein zu schwer beladenes Flugzeug in den Tod gerissen wurde, hatte der Architekt der Welt die Linien der Aufrichtigkeit, des Muts und der Toleranz ins Herz, in die Stimme und in das Antlitz gezogen.

Mano ist gestorben, die Hand nach dem Frieden ausgestreckt. Er hat uns nicht im Stich gelassen, aber ich, sein Freund, sein Bruder, ich fühle mich vor den vom geheimnisvollen Wind getriebenen Dünen verlassen wie ein Waisenkind.

Moustapha Liman Chaffi ist Tuareg, Freund aus Kindertagen und einer der ältesten Weggefährten Mano Dayaks.

Nachwort

Die Wüste

Die Wüste kann man nicht mit Worten beschreiben. Man muss sie leben. Wie also die passenden Worte für die unbezwingliche Liebe des Nomaden zu seiner Wüste finden? Für Menschen, die nicht in ihr gelebt haben, erscheint sie wie ein großer leerer Raum, während sie für uns unendlich lebendig ist. Wie diese Liebe erklären, die wir unserer so ausgedörrten und schwierigen Umwelt entgegenbringen?

Der Mensch ist immer zutiefst geprägt von der Landschaft, die er bewohnt. Seine ganze Persönlichkeit ist modelliert nach dem Bild dieser Landschaft. Die Wüste liefert das beste Beispiel für diese Anpassung des Menschen, für sein Zusammenwachsen mit seiner Umwelt. Nach dem Bild der Landschaft, in der er lebt, hat sich der Tuareg geformt, er fordert sich Bescheidenheit ab, um zu überleben, aber auch Strenge und Stärke, um sich zu verteidigen. Er weiß, dass er sich der Wüste anpassen muss, sie verstehen, ihr zuhören muss, wenn er in ihr überleben will. Denn die Wüste wird immer stärker sein als der Mensch. Man muss, um hier zu leben, ebenso viel Selbstbescheidung wie Mut aufbringen.

Die Wüste ist für mich außergewöhnlich schön und rein, erschütternd und bezaubernd zugleich. Jedes Mal, wenn ich ihr gegenüberstehe, führt sie mich auf die erregende Reise in mein eigenes Ich, in dem wehmütige Erinnerungen, Befürchtungen und Hoffnungen des Lebens miteinander ringen.

Die Wüste ist es, die mich das Zwiegespräch mit der geheimnisvollen Unendlichkeit lehrte. Die Wüste, das ist das Geheimnis des Windes, der die Dünen vor sich hertreibt und ihnen die seltsamsten Formen mit den reinsten Linien verleiht.

Es ist das Geheimnis der Akazie, die verloren inmitten dieser grenzenlosen Sandflächen lebt wie etwas, das in einer anderen Zeit hier vergessen wurde.

Es ist das Geheimnis dieses Grasbüschels, das von nirgendwoher kam und das im überhitzten Sand wächst, zerstörbar und zäh zugleich.

Es ist das Gras, das geheimnisvolle Zeichen in den Sand malt, der Grashalm, der in meiner Vorstellung zur Feder der Geister geworden ist, die damit ebenso Botschaften wie Schicksalszeichen in den Sand ziehen.

Es ist auch das Geheimnis dieser aus dem Nichts auftauchenden Gewitter, die ihre Wassermassen wie Sturzbäche des Lebens niedergehen lassen.

Es ist schließlich das Geheimnis der zerbrechlichen, graziösen Gazelle, ihrer flüchtigen Erscheinung, es ist das Geheimnis des Addax, des mächtigen Herrschers dieser Landschaft. Er allein besitzt das absolute Wissen, denn er ist das einzige Lebewesen, das es mehrere Jahre aushält, ohne den kleinsten Tropfen Wasser zu trinken. Er ist auch der Einzige, der das Gesetz der Wüstenbewohner nicht beachtet: *Aman Iman,* Wasser ist Leben. Was kümmert den Addax das Wasser? Er lebt.

Die Wüste, das sind alle diese Geheimnisse zugleich, viele Ursachen des Erstaunens, die die Liebe der Tuareg zu der Wüste nähren. Für uns Nomaden gibt es nichts Bewegenderes, nichts Fesselnderes auf der Erde als eine Karawane, die sich durch die Unendlichkeit des Sandes windet, nichts, was mehr berührt als die Poesie eines Nomadenlagers am Abend, wenn die Feuer entzündet werden, die Herden heimkehren. Es ist die heilige Stunde, wenn die Dünen und der Himmel von der untergehenden Sonne in Glut getaucht werden und ihre Farben verschmelzen.

Was kann ein Mensch sich noch wünschen, wenn er das Privileg hat, jeden Abend unter einem schützenden Himmel einzuschlafen, unter einem Himmel, der von Millionen Sternen übersät ist, die leuchten, um seine Träume zu erhellen?

Die Wüste, das ist für uns Nomaden eine tiefe und absolute Leidenschaft, das sind Bilder, die uns zu nehmen selbst der Tod niemals vermögen wird. Die Wüste scheint ihrem Bewohner ewig, und sie schenkt diese Ewigkeit dem Menschen, der sich ihr verbunden fühlt.

Mano Dayak

Dieser Text wurde dem Buch *Sahara, la passion du désert (Sahara – die Leidenschaft für die Wüste)*, von Jean-Marc Durou (Editions de la Martinière) entnommen und während der Gedächtnisfeierlichkeiten für Mano Dayak in Paris vorgelesen.

Anmerkungen

1 Amanar ist der Orion.

2 Die Kamelstute ist der Große, das Fohlen der Kleine Bär.

3 Friedrich Konrad Hornemann schickte der African Society of London den Bericht mit dem Titel *Tagebuch seiner Reise von Cairo nach Muzuck, 1797–1798*, herausgegeben von Carl König, Weimar 1802.

4 um 1850. Vgl.: Heinrich Barth, *Reisen und Entdeckungen in Nord- und Zentralafrika in den Jahren 1849–1855*, Gotha 1858.

5 Der berühmte Baum der Ténéré ging 1972 zugrunde. Ein libyscher Fahrer fuhr ihn mit seinem Lastwagen um. Seine Reste sind im Museum von Niamey ausgestellt. An seinem Platz steht heute eine Skulptur aus Metallröhren.

6 Geschicklichkeitsspiel mit kleinen Schafsknöchelchen, die hochgeworfen und mit dem Handrücken aufgefangen werden müssen.

7 Eine Art Schachspiel, das mit kleinen Steinen, Holzstückchen oder Kügelchen aus Kameldung im Sand gespielt wird.

8 Henry Duveyrier, *Les Tuaregs du Nord*, 1864.

9 1892. Um ein Unglücksdatum anzugeben, beziehen sich die Tuareg oft auf in zeitlicher Nähe liegende Jahre der Dürre, der Heuschreckenplage oder anderer Katastrophen.

10 Das Schwert des Vaters.

11 Diese Kreuze werden aus einer ehemaligen österreichischen Silbermünze, dem Mariatheresientaler, hergestellt, die noch heute geprägt und auf den Märkten Afrikas verkauft wird.

12 Das bedeutet, dass es eine 50-Meter-Bahn hat.

13 Ein Tuareg-Lied, das die vergänglichen Liebschaften preist.

14 Aus: Antoine de Saint-Exupéry, *Der kleine Prinz.*

15 Mit seinem Bruder Jean-Dominique, Herausgeber der Zeitschrift *VSD*, die 1977 von ihrem Vater, dem berühmten Journalisten Maurice Siegel, gegründet wurde.

Worterklärungen

Abba Vater
Action humanitaire verschiedene Hilfsorganisationen wie z. B. das Rote Kreuz und Médecins sans frontières haben seit 1986 ein eigenes Ministerium in Paris. 1988 wird Bernard Kouchner Gesundheitsminister innerhalb der Action humanitaire.
Adjarr immergrüner Baum
AFP Agence France Presse, französische Presseagentur
Ahal Fest (Musik-, Lyrik-, Schönheits- und Geschicklichkeitswettbewerb)
Amenokal Oberhaupt einer Konföderation
Amghar Alter, Chef, Ältester, »der Freie«, Plural: *imuar*
Anna Mutter
ARLN Armée Révolutionnaire de Libération du Nord Niger, Revolutionäre Befreiungsarmee des Nord-Niger
Banco Lehm- und Strohgemisch, Stampfbau
Bubu Hausa-Sprache: weites Übergewand
Busu Hausa-Sprache: Bezeichnung für die Nachkommen ehemaliger schwarzer Tuareg-Sklaven
Burnus Kapuzenmantel der Beduinen
Chaamba nordafrikanische Wüstennomaden, seit jeher mit den Tuareg verfeindet
CRA Coordination de la Résistance Armée, Koordination des bewaffneten Widerstands
Cram-Cram arabisch für *Cenchrus biflorus,* typisches Sahelgras
Croisé Bezeichnung für eine Gewebeart: geköpert. Zugleich frz. für »zu Kreuzzügen gehörig«. *Croiséanzüge:* Wortspiel Mano Dayaks, um die auf ihn lächerlich wirkenden feinen Anzüge als »Kreuzritter-Kostüme« abzuwerten.
DGSE Direction Générale de la Sécurité Extérieure, französischer Geheimdienst

Djerma schwarzafrikanischer Stamm

DST Direction de la Surveillance du Territoire, Geheimdienst für Innere Sicherheit in Frankreich

Erg Sanddünengebiete der Wüste

FLAA Front de Libération de l'Aïr et de l'Azawagh, Front zur Befreiung des Aïr und des Azawagh

FLN Front de Libération Nationale, Nationale Befreiungsfront der Algerier gegen die französische Kolonialmacht

FLT Front de Libération Temoust, Front der solidarischen Befreiung

eine Frau misshandeln Nicht nur das Schlagen, sondern bereits verbale Angriffe gelten als Misshandlung einer Frau und werden vom Lagerverband äußerst streng bestraft. Die rechte Hand des Sternbildes Orion ist ein kleiner roter Stern. Rot ist die Farbe des Unheils. Dieser Stern war ein Mann, der seine Mutter schlug. Das ist für die Tuareg das schlimmste Vergehen überhaupt.

Fulbe Volk in Senegal, Mali, Obervolta und Tschad

Fumarole aus Erdspalten in vulkanischen Gebieten ausströmendes, heißes Gas- und Wasserdampfgemisch

Gandura arabisch für *bubu:* weites Übergewand

Grenache Traubensorte aus dem Languedoc und Roussillon

Gris-gris Talisman, Amulett

Harmattan trockener, sehr heißer Ostwind in Westafrika

Hidalgo Mitglied des niederen spanischen Adels

Hausa schwarzafrikanischer Stamm

Imascheren, imajeghen Adlige, Freie, Noble

Imuar Plural von *amghar*

Kasbah arabisches Viertel in nordafrikanischen Städten

Kel »Leute von«, Großgruppen der Tuareg

Khôl schwarze Farbe zum Schminken der Augen, Antimon (arab. *kohel*)

Marabut mohammedan. Einsiedler, Heiliger (arab.)

Mechoui am Spieß über Holzfeuer gebratenes Schaf (arab.)

Mehari Reitkamel (arab.)
MNSD Mouvement National de la Société de Développement, Nationalbewegung für die Entwicklungsgesellschaft, größte Partei des Niger
Mufflon Wildschaf
Mzab Landschaft Algeriens bei Ghardaïa
OAS Organisation de l'Armée Secrète, französische Geheimarmee im Kampf gegen die Algerier während des Befreiungskriegs 1958–1962
Saroual weite Männerhose mit tiefem Hosenboden
Scheschia turbanähnliche Kopfbedeckung
Slughi Windhund (arab.), beliebter Jagdhund der Araber, bis 75 cm Schulterhöhe, mit Hängeohren und Hängerute, kurzes, sandfarbenes Fell
Sorghum Hirseart, 1 bis 5 Meter hohe Pflanze mit großen, rispigen Blütenständen. Neben Reis die wichtigste Nutzpflanze wärmerer Länder.
Tahanna Heliotrop-Art
Targia Tuaregfrau
Targi Einzahl von Tuareg; heute wird auch für einen Einzelnen die Form »Tuareg« gebraucht.
Temoust »Solidarität«
Tindi Trommel, die aus dem Mörser hergestellt wird, über den man eine Ziegenhaut spannt.
TILALT »gegenseitige Hilfe«
Torşa immergrüner Strauch
UDPS Union pour la Démocratie et le Progrès Social, Union für die Demokratie und den sozialen Fortschritt
UTA Union des Transports Aériens, Lufttransportgesellschaft
VSD »Vendredi – Samedi – Dimanche« (Freitag – Samstag – Sonntag), in Frankreich publiziertes Wochenendmagazin
das Zelt knüpfen Ausdruck der Tuareg für heiraten
Zebu asiatisches Buckelrind

Mano Dayak wurde um 1950 geboren und wuchs in der Sahara auf. Er besuchte die Nomadenschule und ein Gymnasium in Agadez, studierte in den USA und in Paris. In seine Heimat zurückgekehrt, eröffnete er ein Reisebüro, um den Bewohnern der Region ein Auskommen zu ermöglichen.

Im Kampf um die Rechte der Tuareg wurde er zu einer wichtigen politischen Figur. Er war Vorkämpfer für den Friedensvertrag, der am 24. April 1995 von der Regierung des Niger und den Tuareg-Rebellen unterzeichnet wurde.

Am 15. Dezember 1995 starb Mano Dayak. Das Flugzeug, das er bestiegen hatte, um mit dem nigerischen Premierminister die Umsetzung des Friedensvertrags in die Wege zu leiten, explodierte beim Start.

Salim Alafenisch *Amira. Prinzessin der Wüste*

»Amira« bedeutet Prinzessin, und Amira ist schön wie eine Prinzessin. Vierzig junge Männer möchten sie heiraten. Das sind so viele, wie die Halskette ihrer Großmutter Perlen hat. Aber nicht alle Perlen sind gleich, man muss schon genau hinsehen, um die Edelsteine von den unechten zu unterscheiden, sagt ihre Großmutter.
Und genau so verhält es sich auch mit den jungen Männern. Amira entdeckt bei beinahe jedem etwas, was ihr nicht gefällt. Als schließlich nur noch drei übrig bleiben, gibt ihr die Großmutter noch einen Rat: Kamele, Silber- und Goldmünzen sind nicht von Dauer. Wähle den, der dir die schönste Geschichte erzählt.

Reise in die Sahara *Kulturkompass fürs Handgepäck*

Die Wüste schärft das Auge – und dieser Band hilft, ihre Geheimnisse zu entschlüsseln. Große Reisende, Forscher, Abenteurer und Schriftsteller berichten von den versteckten Winkeln der Sahara, ihren Herausforderungen, Reichtümern, Überraschungen und der hoch entwickelten Anpassungskunst der Bewohner. Antoine de Saint-Exupéry stürzt in der Wüste ab und erlebt, was es heißt, zu verdursten – Ibrahim al-Koni erzählt von Gazellen, Mufflons, Vogelschwärmen und vom selig machenden Regen – Théodore Monod findet Wasser, wo es keiner erwartet – Mouloud Mammeri besucht eine Tuaregschulklasse, die den Lehrer zur Verzweiflung bringt …

Philippe Frey *Der weiße Nomade*

Dieses Abenteuer hat vor Philippe Frey niemand versucht. Allein mit zwei Kamelen bricht er vom Roten Meer auf. Er zieht durch Gebiete, die nur die Schmuggler kennen, droht zu verdursten, verliert für Tage das Augenlicht. Er gerät in Aufstände, Putsche und Bürgerkriege, steht vor verminten Wasserstellen und vergifteten Brunnen. Er zieht auf den Spuren der Karawanen von König Salomo, findet Ruinen vergessener Städte und blühender Zivilisationen, erprobt die uralten Überlebenstechniken der Wüstenvölker. Die Tuareg nennen ihn »den weißen Nomaden«.

Michel Vieuchange *Smara. Verbotene Stadt*

Smara – legendäre Wüstenstadt, der bloße Klang fasziniert den jungen Michel Vieuchange. 1930 bricht er auf, Smara zu suchen. Er ist sich der Gefahr bewusst: Für Fremde ist sie verboten, sein Leben liegt in der Hand seiner arabischen Führer, denen er reichlich Geld verspricht. Aber kann er ihnen trauen?
Mühsam kommen sie voran, Krankheiten schwächen ihn, doch gewissenhaft fotografiert, vermisst, notiert er alles. Je mehr Schwierigkeiten zu bewältigen sind, je quälender der Marsch wird, desto verbissener verfolgt er sein Ziel – koste es, was es wolle. Es sollte ihn sein Leben kosten.

Sven Lindqvist *Durch das Herz der Finsternis*

Ein Europäer fährt, seinen Laptop im Gepäck, mit dem Bus durch die Sahara. Seine Reise ist zugleich eine Zeitreise ins 19. Jahrhundert: In kleinen, sandigen Wüstenhotels beschäftigt er sich mit den Geschehnissen der Kolonialzeit, die Zeugnisse von Literaten, Philosophen, Politikern und Historikern der letzten zweihundert Jahre erscheinen ihm in neuem Licht. Dabei entsteht nicht nur ein Reisebericht, sondern auch ein Bericht über ein dunkles, gern vergessenes Kapitel europäischer Geschichte. Lindqvist schlägt einen Bogen von der Selbstherrlichkeit europäischer Kolonialherren in Afrika bis hin zum Holocaust und zum Rassismus heute.

Peter O'Donnell *Modesty Blaise – Ein Hauch von Tod*

Beim Perlentauchen in der Karibik rettet Willie Garvin einer jungen, blinden Frau das Leben. Zum selben Zeitpunkt soll Modesty Blaise in die algerische Wüste reisen, wo eine archäologische Ausgrabung nicht so vonstatten geht, wie sie sollte. Das sieht zunächst nach einem Routineauftrag aus, doch bald wird klar, dass Modesty und Willie es mit besonders ausgekochten Schurken zu tun haben. Als Willie von den übersinnlichen Fähigkeiten der hübschen, blinden Dinah erfährt, ist es schon fast zu spät. Modesty und Willie müssen in einem atemberaubenden Finale all ihre Künste aufbieten, um zu gewinnen.

Fantasia

Ein Roman wie ein Film, eine Autobiografie wie ein Geschichtsbuch. Berichte von der Eroberung Algeriens im 19. Jahrhundert vermischen sich mit Erinnerungen an eine Kindheit in der verschlossenen Welt der Frauen.

Frau ohne Begräbnis

Zoulikha ist eine außergewöhnliche und lebenslustige Frau, die einst Wand an Wand mit Assia Djebars Familie in Cherchell wohnte. In aller Stille knüpfte sie ein Netz des Widerstands gegen die französische Herrschaft.

Oran – Algerische Nacht

Frauen berichten von der alltägliche Gewalt im Algerien der Gegenwart, aber auch von den Brücken, die durch die Lebensgeschichten zwischen Europa und Nordafrika geschlagen werden.

Die Schattenkönigin

Isma und Hajila – zwei gegensätzliche Frauen des gleichen Mannes. Die eine, lange schweigsam und passiv, entschließt sich zur Flucht. Die andere verharrt in den Erinnerungen an die gemeinsamen Nächte voller Liebe und Lust.

Das verlorene Wort

Nach zwanzig Jahren in Frankreich kehrt Berkane nach Algerien zurück. In einem Haus am Meer, später reisend, fotografierend, will er wieder Fuß fassen. Erst in der Begegnung mit Nadjia findet er zu seiner Vergangenheit.

Weißes Algerien

»Die algerische Tragödie hat durch diesen erschütternden Bericht ein neues Gesicht bekommen – das Gesicht von Menschen und Schicksalen, die bisher in der Anonymität der Statistiken untergegangen sind.« *Stuttgarter Zeitung*

Die himmlische Begegnung

Liebevoll und heiter rückt Machfus Schwächen und Marotten, Sehnsüchten und Ängsten vor allem des kleinen Volkes zu Leibe und zeigt, dass unter Gottes weitem Mantel auch Platz für viele dunkle Leidenschaften ist.

Karnak-Café

Alt und Jung, Arm und Reich, Männer und Frauen treffen sich im Karnak-Café, angelockt vom guten Kaffee und der schillernden Besitzerin. Als drei junge Gäste plötzlich verschwinden, ist es vorbei mit der heiteren Kaffeehausatmosphäre.

Die Midaq-Gasse

Onkel Kamil, der Bonbonverkäufer, al-Hilu mit seinem Friseursalon, der alte Dichter, den keiner mehr hören will, seit es das Radio gibt. Eine Altstadtgasse von Kairo wird zum Mikrokosmos einer Welt im Umbruch.

Kairo-Trilogie I – Zwischen den Palästen

Über drei Generationen wird das Leben einer Kairoer Kaufmannsfamilie verfolgt und zu einem opulenten Gemälde ägyptischen Lebens verdichtet.

Kairo-Trilogie II – Palast der Sehnsucht

Kamal bekommt die Härten und Hürden des Erwachsenwerdens deutlich zu spüren, während sein Bruder Jasin und der Vater um die Liebe derselben jungen Lautenspielerin buhlen.

Kairo-Trilogie III – Zuckergässchen

Der zweite Weltkrieg erreicht Ägypten: Luftangriffe auf Kairo! Der Riss, der durchs Land geht, bricht auch in der Familie des gealterten Abd al-Gawwad auf.